I0559897

Sanidad Divina
Del
Alma

Sanidad Divina Del Alma

ERICA VALDOVINOS

CITI OF BOOKS

Copyright © 2024 por Erica Valdovinos

Todas las escrituras de la Biblia fueron tomadas de RVR 1960.

CITIOFBOOKS, INC.
3736 Eubank NE Suite A1
Albuquerque, NM 87111-3579
www.citiofbooks.com
Línea directa: 1 (877) 389-2759
Número de fax: 1 (505) 930-7244

Ordering Information:

Quantity sales. Special discounts are available on quantity purchases by corporations,associations, and others. For details, contact the publisher at the address above.

Printed in the United States of America.

ISBN-13:   Softcover   978-1-962366-09-0
             eBook   978-1-962366-10-6
             Hardback   978-1-962366-73-1
Library of Congress Control Number: 2023916958

CONTENIDO

PREFACIO

Cada ser humano presenta algún síntoma en su vida; ya sea físico o psicológico. Mientras estemos en esta tierra, vamos a padecer alguna enfermedad o problema. Algunas situaciones las vas a tener toda la vida, otras van a desaparecer o sanar. Uno decide que rumbo tomar, uno tiene la solución en sus manos, solo nos queda creer y actuar, porque la fe sin obras es muerta.

"¿Más quieres saber, hombre vano, que la fe sin obras es muerta? 26 Porque como el cuerpo sin espíritu está muerto, así también la fe sin obras está muerta". Santiago 2:20; 26

Sanidad:

"Estado del ser vivo que está sano o disfruta de buena salud. Que no tiene ninguna lesión ni padece ninguna enfermedad y ejerce con normalidad todas sus funciones".[1]

Es importante creer y actuar; eso le agrada a Dios. Hay tantos pasajes en la Biblia que nos alientan a confiar en Dios y creer que Él tiene la autoridad y el poder para sanarnos. ¿Qué sanidad estás esperando en este momento? ¿Interior?, ¿física? o ¿Emocional? Para Dios no hay nada imposible. Vivimos en una era donde el microondas está de moda. ¿Qué quiere decir eso? Queremos las cosas al instante. Si tenemos un problema o una enfermedad,

---

[1] Diccionario Oxford languages

iii

muchas veces, en lugar de ir primero a Dios en oración, nos vamos a tomar una pastilla o al doctor. No es malo ninguna de las dos cosas, lo malo en esto, es que la confianza se enfocó en lo superficial antes que en Dios. Él nos observa para ver hasta en qué momento nos acordamos de su poder. Depositar nuestra confianza en Jesús es relevante para saber cuál es la voluntad de Él referente a la situación que se presenta en nuestras vidas.

El contraste de sanidad, es enfermedad. A nadie le gusta estar enfermo, por mucho que odie a su cuerpo. Me acuerdo cuando era pequeña, incluso, en algunas ocasiones ya grande, cuando no quería hacer algo que me mandaban mis padres, deseaba estar enferma; más, cuando me sentía bien cansada de jugar. Yo solo quería descansar, pero había quehaceres que tenía que llevar a cabo, y en ese momento me decía a mí misma ¡como quisiera estar enferma y estar encamada para poder descansar y no hacer trabajo! Pero aunque lo dijera, tenía que hacer mis deberes. Cuando pasaba el tiempo y por algún motivo me enfermaba, allí me acordaba de esos pensamientos y deseaba mejor estar sana, aunque tuviera que trabajar en esos quehaceres, porque no me gustaba estar enferma. Al cuerpo no le gusta estar enfermo; *así que si tiene una* enfermedad de cualquier tipo, le animo que busque ayuda para que sea sano, no se rinda con el primer intento. Los exitosos no se rinden fácilmente.

Cuando encuentre la medicina a su problema, tómela, póngala por obra; porque no solo con verla o con saber la respuesta a su problema va a ser sanado. Necesita actuar para que la fe sea producida, sino, va a pasar como dice la Escritura: La fe sin obras es muerta, o sea, sin usted tomarse el medicamento, no va a poder sanar; sin usted tomar esa ayuda del alma, no va a ser sanado. Así que manos a la obra.

En el transcurso de estos capítulos, quiero plasmar mi corazón y el conocimiento de la Palabra de Dios, para que juntos podamos experimentar lo hermosa, poderosa y sanadora que es la Palabra de

Dios en nuestras almas. Te invito a que le pidas a Dios en oración que este libro sea de bendición y edificación a tu vida. No te lo digo porque sea un súper libro, sino porque en él hay Palabra de Dios que te va a edificar y cambiar tu vida para siempre, se lo aseguro cien por ciento. Abre tu corazón y te darás cuenta de lo que te estoy hablando. En esta travesía te compartiré experiencias y soluciones para salir de enfermedades del alma y ser sanado. Algo muy importante también, es: poder tener paz en tu corazón. ¿Anhelas paz en tu alma y en tu corazón? Este libro te puede ayudar.

Mi propósito de escribir este libro, es porque a través de mi vida, he mirado como personas, que por causa de resentimientos, y falta de perdón, han llegado a enraizar eso en su corazón. Hasta yo lo he vivido, en realidad es algo por lo cual necesitamos estar luchando todos los días. El conocido "resentimiento", "falta de perdón", "el rencor", "el odio", etc.

El corazón pide a gritos ser liberado; pero cuando no se tienen las herramientas, no se sabe cómo liberarse. Por medio de la Palabra de Dios, este libro va a poder ayudar a quien se dé la oportunidad de leerlo y ponerlo por obra. Deseo que puedas encontrar esa paz, que por mucho tiempo has buscado o añorado y no la has podido encontrar. Mis mejores deseos y bendiciones para ti.

"Amado, yo deseo que tú seas prosperado en todas las cosas, y que tengas salud, así como prospera tu alma". 3 Juan 1:2

Su amiga Erica Valdovinos.

AGRADECIMIENTOS

Quiero agradecer a mi Señor Jesucristo, a quien le debo todo en mi vida; el cual me ha amado sin reservas y sin esperar nada a cambio. ¡Que hermoso es ese amor! A Él le debo todo lo que soy y he logrado, Él puso en mi corazón escribir este libro, Él me dio este libro, por lo cual se lo dedico a Él con todo mi corazón y mi amor. ¡TE AMO MI JESUCRISTO! La honra, la gloria y la alabanza sean para ti, mi Señor.

Agradezco a mi esposo Felix Valdovinos que siempre está a mi lado orando por mí y protegiéndonos como familia, eres un hombre de Dios que se deja usar por Él, eres humilde y con un enorme amor para la obra de Dios. Después de Dios, tú eres mi soporte y sé que siempre puedo contar contigo y confiar en ti. Te amo.

Gracias a mis hijos Abraham y Sarai que creen que su mamá es la mejor del mundo, aunque no lo sea. Gracias a mi suegra Yolanda Béjar, quien siempre me apoya en mis tareas diarias cuidando a mis hijos, has sido una gran bendición y ayuda a mi vida. Gracias por mis padres, aunque mi madre Esperanza Pelayo no podrá leer este libro, porque ha pasado de muerte a vida, sé que se sentiría muy feliz de su hija. Te amo mamá. Gracias por mi papá Genaro Muñoz que aunque no vivimos en el mismo país, estamos conectados por teléfono. Te amo papá. Gracias a todos mis hermanos y familia, que de todos ellos he aprendido mucho. Los amo.

Agradezco a mi maestro y mentor Pastor Gerardo Ortiz, que siempre cuando tengo una duda está dispuesto a corroborar conmigo con mucho gusto, gracias por sus sugerencias que me ha aportado, y por confiar en mí que si se puede, gracias por ayudarme a revisar este libro y darme su apoyo incondicional, mi más sincero agradecimiento.

Agradezco a la iglesia donde me congrego, que me han ayudado a orar por mi vida espiritual y mi ministerio. Los amo en Cristo.

Capitulo #1

EL ¿POR QUÉ? DE TODO

"Él es la imagen del Dios invisible, el primogénito de toda la creación. *16 Porque en Él fueron creadas todas las cosas, las que hay en los cielos y las que hay en la tierra, visibles e invisibles; sean tronos, sean dominios, sean principados, sean potestades; todo fue creado por medio de Él y para Él. 17 Y Él es antes de todas las cosas, y todas las cosas en Él subsisten*".
Colosenses 1:15-17.

1

"Por lo tanto, la afirmación del v. 1:15 es que Cristo, como el hijo eterno, tiene la posición de prioridad en relación a toda la creación en el sentido de que Él fue antes de todas las cosas (v. 17), Él creó todas las cosas (v. 16) y por Él todas las cosas permanecen (v. 17)".[2]

Dios creó todo lo que miramos en la tierra; y aun lo que no miramos. Podemos apreciar lo que nuestros ojos alcanzan a mirar físicamente, pero, ¿qué de lo que nuestros ojos no pueden mirar y en realidad existe? ¿Has pensado en eso?

"Porque no tenemos lucha contra sangre y carne, sino contra principados, contra potestades, contra los gobernadores de las tinieblas de este siglo, contra huestes espirituales de maldad en las regiones celestes". Efesios 6:12

Esto es lo invisible. Estos seres fueron creados desde el principio, todos ellos fueron creados para adorar al Supremo Dios verdadero, solo para eso. Pero uno de ellos se rebeló; y al hacerlo, se llevó con él a una gran parte de ángeles. De ser ángeles en diferente rango, adoradores del Supremo Dios, se convirtieron en seres demoníacos que quieren dañar nuestra mente y corromperla.

"¡Cómo caíste del cielo oh Lucero, hijo de la mañana! Cortado fuiste por tierra, tú que debilitabas a las naciones. 13 Tú que decías en tu corazón: Subiré al cielo; en lo alto, junto a las estrellas de Dios, levantaré mi trono, y en el monte del testimonio me sentaré, a los lados del norte; 14 sobre las alturas de las nubes subiré, y seré semejante al Altísimo. 15 Mas tú derribado eres hasta el Seol, a los lados del abismo". Isaías 14:12-15

"Tú, querubín grande, protector, yo te puse en el santo monte de Dios, allí estuviste; en medio de las piedras de fuego te paseabas. 15 Perfecto eras en todos tus caminos desde el día

---

[2] Biblia de estudio Scofield (RVR 1960) ed. Holman Nashville, Tennessee 2012 pág. 1086

que fuiste creado, hasta que se halló en ti maldad. 16 A causa de la multitud de tus contrataciones fuiste lleno de iniquidad, y pecaste; por lo que yo te eché del monte de Dios, y te arrojé de entre las piedras del fuego, oh querubín protector. 17 Se enalteció tu corazón a causa de tu hermosura, corrompiste tu sabiduría a causa de tu esplendor; yo te arrojaré por tierra; delante de los reyes te pondré para que miren en ti". Ezequiel 28:14-17

"Estos versículos de Isaías y Ezequiel, las palabras van más allá de los reyes y llega a Satanás, el inspirador y gobernante invisible de pomposidad y soberbia como en el caso de Tiro. Aquí se describe a Satanás antes de la caida".[3]

Porque dice la Palabra de Dios: "El ladrón *no viene sino para hurtar y matar y destruir; yo he venido para que tengan vida, y para que la tengan En abundancia". Juan 10:10*

Un contraste completo con Dios y el enemigo. El diablo vino a matar, robar y destruir, pero Dios ha venido para que tengamos vida y la tengamos en abundancia. Es nuestra decisión a quién vamos a seguir, ya sabiendo a que vino cada uno. Así, como las fuerzas militares, en la tierra tienen sus rangos, también los tienen los celestiales. Lo único malo, es, que ordenan y organizan para destruir al mundo.

El enemigo no está jugando con nosotros; él tira a matar y destruir nuestra alma, y entre más almas se lleva al infierno, es mejor para él. Satanás se siente bien cuando la gente está ciega en su pecado y no miran la luz de Cristo.

Usted no se va a dar cuenta cómo vive, o cómo está su vida espiritual, hasta que la luz venga a su vida. Cuando usted quiere entrar a una recamara, y es de noche, la recámara está totalmente oscura; para poder entrar, usted necesita encender la luz para evitar

---

[3] Biblia de estudio Scofield (RVR 1960) Ed. Holman Nashville, Tennessee 2012 pág. 739

que se vaya a tropezar con algún objeto. No es, hasta que usted enciende la luz, que se da cuenta lo que hay en ese lugar; mientras no. Cuando usted entra, se cerciora de que no haya nada a su alrededor con que se pueda golpear.

Necesitamos la luz de Cristo para que nos guie siempre espiritualmente, y evitar tropiezos que nos pueden causar gran daño a nuestra vida; porque todas esas huestes son comandadas por Satanás (el Señor Jesucristo los reprenda) y depende el rango que tenga cada uno, así les va delegando. No deje que esas huestes, potestades, y toda cosa inmunda dañen su vida espiritual. "Sed sobrios, *y velad; porque vuestro adversario el diablo, como león rugiente, anda alrededor buscando a quien devorar". 1 Pedro 5:8*

El diablo no se tienta el corazón para hacer daño, porque solo hay maldad en él; él odia al ser humano y lo quiere destruir porque sabe que nosotros tenemos esperanza, si nos arrepentimos y aceptamos a Cristo como nuestro único y suficiente Salvador. Él y sus ángeles ya no tienen esperanza, mucho menos salvación; es por eso el coraje más grande que tiene el enemigo para con nosotros, porque su sentencia ya está puesta, y es el castigo eterno en el lago de fuego, juntamente con sus ángeles y seguidores. *"Entonces dirá también a los de la izquierda: Apartaos de mí, maldito, al fuego eterno preparado para el diablo y sus ángeles". Mateo 25:41.*

"Y el diablo que los engañaba fue lanzado en el lago de fuego y azufre, donde estaban la bestia y el falso profeta; y serán atormentados día y noche por los siglos de los siglos". Apocalipsis 20:10

Dios hizo todo lo que miramos para nuestro beneficio y deleite, pero el enemigo se ha encargado de tentar al hombre para corromperlo por medio del pecado. Génesis 3:1-7 relata que cuando Dios creó a Adán y a Eva, todo era perfecto en el huerto del Edén. La Biblia no registra que hubiera dolor, enfermedad, o tristeza;

mucho menos depresión o ansiedad; en realidad, no había por qué preocuparse en ese lugar. Adán y Eva no tenían que trabajar para suplir sus necesidades, todo lo tenían a la mano sin esfuerzo. No había temor alguno en los animales salvajes que ahora conocemos y tememos; Adán los nombró a todos, y hasta ahora ese es su nombre.

Dios nos hizo para que le alabemos y le sirvamos. La Biblia dice que "Jesús vino para darnos vida, y vida en abundancia"; porque cuando Él da algo, lo da en abundancia. Dios no quiere verte triste, abatido, ansioso o depresivo; sino todo lo contrario. Nos quiere ver victoriosos, gozosos, llenos de esperanza y amor. Permite que Dios te llene de su ternura y te apapache, no esperes que Dios venga directamente y lo haga; pero lo que sí puede pasar, es que Él mande a alguien a que lo haga por Él.

Dios te creó con un propósito; mucha gente vive en depresión y ansiedad, porque no sabe su propósito en esta tierra. Dios te ha dado talentos para que los uses para su gloria y su honra; solo que el humano en vez de usar esos talentos para Dios, los usa para su uso personal, dejando a Dios, su Creador a un lado. Qué triste se ha de sentir Dios al mirar como su creación le da la espalda y le dice: No te necesito; pero la creación no sabe que sin Dios, no puede vivir. Con el simple hecho de respirar están pronunciando su nombre.

"El antiguo testamento fue escrito en un hebreo antiguo que no usaba vocales. El nombre de Dios se escribe con cuatro consonantes "YHWH", las cuales se pronunciaban algo así como "Yave" y aparece escrito en letras latinas como: "Yahveh", "Yave" y Yahweh". YHWH representan formas del verbo ser y quiere decir algo así como "El quien será, es y fue. Los judíos tienen un gran respeto al nombre de Dios. El tercer mandamiento dice: "No usarás el nombre de Dios en vano". Así que ellos no lo pronunciaban. En su lugar decían palabras como: Adonai (Señor nuestro), Elohim (Dios de dioses), Sahaddai (Todopoderoso, Omnipotente), etc".[4]

"Los rabinos dicen que si nos pusiéramos un micrófono en nuestro pecho sonaría así: YAAA (cuando inhalamos) y WHEEE (cuando exhalamos). Con el tiempo le agregaron unas vocales a esas cuatro letras, que se conoce como Yawhe y Jehová. Así que cada vez que respiramos estamos pronunciando el nombre de Dios". [5]

"Todo lo que respira alabe a JAH aleluya". Salmo 150:6

Hasta la persona más incrédula en Dios, pronuncia su nombre cada vez que respira. Desde que la persona nace, empieza a pronunciar el nombre de Dios, YAWHE "yaaa weee" (no se escribe así, pero lo escribí así para leerlo en español) y hasta el último suspiro de su vida, pronuncian su nombre; después de allí, ya no hay vida, y por consecuencia, ya no respira la persona, y es cuando dejan de pronunciar el nombre de Dios. Él es el autor y consumidor de todo. No hay otro, solo Él.

Volviendo al texto:

"Porque en Él fueron creadas todas las cosas, las que hay en los cielos y las que hay en la tierra, visibles e invisibles; sean tronos, sean dominios, sean principados, sean potestades; todo fue creado por medio de Él y para Él. 17 Y Él es antes de todas las cosas, y todas las cosas en Él subsisten". Colosenses 1:16-17

Ya sabiendo esto, te recomiendo que busques a Dios, porque Él es el único que te puede ayudar. Él te lo da todo; con el simple hecho de respirar, te dice que te ama y te da la vida para moverte, trabajar, caminar, correr, etc. Si no respiras, no puedes hacer nada de eso.

---

[4] https://etimologías.dechile.net/?Jehova.- (2001-2023)

[5] https://m.facebook.com/elalmendroacuna/videos/cada-vez-que-respiramos-decimos-el-nombre-de-diosyhwh-asombrosotodo-lo-que-respi/453313832309555/. Oct. 2 2020

6

Dios nos da el oxígeno gratis. Hay personas que sus facultades ya no les permite respirar por su propia cuenta; ellos necesitan un tanque de oxígeno, que por lo regular les cuesta unos $600 cada tanque.

En esta época, donde el coronavirus estuvo muy fuerte, podíamos apreciar más el oxígeno que respiramos; porque mucha gente estaba batallando para respirar a causa del virus. Desafortunadamente, mucha gente perdió su vida. Este virus se llevó a mucha gente, y el síntoma más grave era: la falta de respiración.

Cuando Dios creó a la primera pareja en esta tierra, lo hizo con el propósito de que lo alabaran y vivieran para Él; pero cuando se dejaron engañar por la serpiente, todo cambió en sus vidas; allí resultó la muerte para ellos. Hay dos clases de muerte que se mencionan en la Biblia. La muerte espiritual y la muerte física.

Muerte espiritual.

Desde la caída, Adán y Eva fueron echados de la presencia de Dios y privados de su comunión (Gen. 3:22-24). Desde entonces, los pecadores se hallan "muertos en...delitos y pecados".[6]
"Más del árbol de la ciencia del bien y del mal no comerás; porque el día que de él comieres, ciertamente morirás". Génesis 2:17

Cuando Adán y Eva comiendo del fruto que Dios les mandó que no comiesen, desobedecieron a Dios; y a causa de ese acto, se produjo el pecado; y por consecuencia, la muerte espiritual. El pecado acarrea condenación. "Por cuanto *todos pecaron, y están destituidos de la gloria a Dios". Romanos 3:23*

Al momento que Adán y Eva pecaron por su desobediencia, fueron echados fuera del huerto.

"Echó, pues, fuera al hombre, y puso al oriente del huerto de Edén querubines, y una espada encendida que se revolvía

---

[6] Nuevo Diccionario bíblico ilustrado, por Vila Escuain 1985, Ed. Clie, pág. 785

7

por todos lados, para guardar el camino del árbol de la vida".
Génesis 3:24

Al momento de haber pecado el hombre y desobedecer a Dios, les iba a ser más fácil seguir haciéndolo; así que Dios los sacó de ese lugar hermoso para que no fueran a comer del árbol de la vida, porque si ellos lo hubieran hecho, iban a ser eternos; y por consecuencia, ya no iba a ver esperanza de salvación para ellos.

"Y dijo Jehová Dios: He aquí el hombre es como uno de nosotros, sabiendo el bien y el mal; ahora pues, que no alargue su mano, y tome también del árbol de la vida, y coma, y viva para siempre". Génesis 3:28

El enemigo pensó que ya había destruido a la pareja; pero de cada acción mala en nuestras vidas, Dios la puede convertir en un peldaño para avanzar. Después de lo sucedido, las vidas de ellos cambiaron para siempre; ahora Adán tenía que trabajar para poder comer, Eva iba a tener dolores muy fuertes cuando diera a luz.

"A la mujer le dijo: Multiplicaré en gran manera los dolores de tus preñeces; con dolor darás a luz los hijos; y tu deseo será para tu marido, y él se Enseñoreará de ti. Y al hombre dijo: Por cuanto obedeciste a la voz de tu mujer, y comiste del árbol que te mandé diciendo: No comerás de él; maldita será la tierra por tu causa; con dolor comerás de ella todos los días de tu vida". Génesis 3:16-17 "Porque así como en Adán todos mueren, también en Cristo todos serán vivificados". 1 Corintios 15:22

Jesús vino a pagar ese precio, para que tú y yo podamos tener vida en Cristo nuevamente; no solo se trata de existir, sino, también de vivir. Cuando el ser humano no tiene a Dios en su corazón, sólo existe; pero cuando el ser humano tiene a Dios en su corazón, no solo existe; sino que también vive.

El primer Adán pecó; y a causa de su pecado, vino la muerte espiritual (separación de Dios). El segundo Adán, espíritu viviente; vino a éste mundo a rescatarnos, a abolir la ley que nos condenaba, la cual no nos permitía tener salvación. Jesús vino a quitar la barrera que nos impedía la reconciliación con Él. A Jesús se refiere la Escritura cuando dice "el segundo Adán".

"Así también está escrito: Fue hecho el primer hombre Adán alma viviente; el postrer Adán, espíritu vivificante. 47 El primer hombre es de la tierra, terrenal; el segundo hombre, que es el Señor, es del cielo". 1 Corintios 15:45;47

"Porque Él es nuestra paz, que de ambos pueblos hizo uno, derribando la pared intermedia de separación, 15 aboliendo en su carne las enemistades, la ley de los mandamientos expresados en ordenanzas, para crear en sí mismo de los dos un solo y nuevo hombre, haciendo la paz, 16 y mediante la cruz reconciliar con Dios a ambos en un solo cuerpo, matando en ella las enemistades". Efesios 2:14-16.

Jesús vino a este mundo para que fuésemos reconciliados con Él, quitando toda enemistad que había entre Él y nosotros.

La muerte física.

Ésta se refiere cuando el ser humano deja de existir, haya pecado o no; ya no hay respiración en él.

"La muerte es el final de la vida, o su interrupción, o lo contrario a la vida, según como se vea. Es algo inevitable, que los seres humanos tenemos en común con absolutamente todas las formas de vida, si bien cada una tiene sus propios lapsos de existencia. Sin embargo, solo los seres humanos estamos conscientes de que, algún día, habremos de morir".[7]

---

[7] https://concepto.de/muerte/

9

"Porque los que viven saben que han de morir; pero los muertos nada saben, ni tienen más paga; porque su memoria es puesta en olvido". Eclesiastés 9:5

Cuando el ser humano muere, ya no sabe nada de él; hasta allí llegó su vida. La sangre deja de fluir, por consecuencia todos sus órganos dejan de funcionar. "Y el polvo vuelve a la tierra, *como era, y el esp*íritu vuelva a Dios que lo dio". *Eclesiastés 12:7* Esta carne, de la cual estamos formados, se convierte el polvo; y ese polvo va a volver a la tierra de la cual fuimos formados.

LA CREACION DEL MUNDO

"El verbo crear es en el AT casi siempre traducción del verbo hebreo *"bara"*. La Biblia comienza con la sencilla y sublime declaración de que _en el principio creó Dios los cielos y la tierra_ (Gen. 1:1). A lo largo del Génesis 1:7-8 tenemos el relato de cómo Dios dio origen a todo lo existente, a lo largo de seis días de actividad creadora. Este primer versículo de la Biblia está cargado de significado. Afirma que todo lo existente recibió su ser por la creación de Dios. Que hubo un principio en el tiempo. Que la creación del universo incluye la del tiempo, por lo que antes de la creación no se puede hablar de tiempo. Tenemos, pues que el tiempo tiene un comienzo absoluto, que es el del universo material. Dios trasciende tanto el tiempo como el espacio. No forma parte de su creación, aunque esta si dependa de Él como el Señor soberano".[8]

La Biblia nos enseña en Colosenses 1:16, y en muchos más pasajes, que todo el mundo fue creado por medio Dios y para Él. En el libro de Génesis, en sus primeros capítulos, encontramos el relato de la fundación del mundo. No hay otro libro, sino la Biblia, en la que encontramos este suceso verdadero de la creación del

---

[8] Nuevo diccionario bíblico ilustrado, por Vila y Escuain 1985, Ed. Clie pág. 188

10

mundo; los demás escritos solo son hipótesis. "En *el principio creó Dios los cielos y la tierra". Génesis 1:1 En La Biblia relata suceso tras suceso a través de la creación.* De la nada, Dios fue formando todo; simplemente con su Palabra.

Primer día. La luz. *"Y dijo Dios: Sea la luz; y fue la luz". Génesis 1:4* Es el poder de su Palabra la que desde el principio y hasta ahora, sigue operando. Dios es luz, así que la presencia de Dios llegó a la tierra; esa luz que nos guía, si la dejamos brillar en nosotros.

Segundo día. El cielo.

"E hizo Dios: la expansión, y separó las aguas que estaban debajo de la expansión, de las aguas que estaban sobre la expansión. Y fue así. 8 Y llamó Dios a la expansión cielos. Y fue la tarde y la mañana el día segundo". Génesis 1:7-8 En el segundo día, Dios separó los cielos y las aguas para darle más forma a la tierra.

Tercer día. La tierra, los mares, la hierba, los árboles.

"Dijo también Dios: Júntense las aguas que están debajo de los cielos en un lugar, y descúbrase lo seco. Y fue así. 10 Y llamó Dios a lo seco Tierra, y a la reunión de las aguas llamó mares. Y vio Dios que era bueno. 11 Después dijo Dios: Produzca la tierra hierba verde, hierba que dé semilla; árbol de fruto que dé fruto según su género, que su semilla esté en él, sobre la tierra. Y fue así. 12 Produjo, pues, la tierra hierba verde, hierba que da semilla según su naturaleza, y árbol que da fruto, cuya semilla está en él, según su género. Y vio Dios que era bueno. 13 Y fue la tarde y la mañana el día tercero". Génesis 1:9-13

A este tiempo, la tierra ya estaba tomando forma; ya no estaba desordenada y vacía, ahora ya había tierra con árboles, hierba, fruto para comer; y por supuesto, las aguas estaban separadas de la tierra;

ya no había tinieblas en ella. ¡Qué curioso! Dios no necesitaba el sol para que hubiera luz, Él hizo la luz antes que el sol (Gen. 1:3)

Cuarto día. El sol, la luna y las estrellas.

"Dijo luego Dios: Haya lumbreras en la expansión de los cielos para separar el día de la noche; y sirvan de señales para las estaciones, para días y años, 15 y sean por lumbreras en la expansión de los cielos para alumbrar sobre la tierra. Y fue así. 16 E hizo Dios las dos grandes lumbreras; la lumbrera mayor para que señoreare en el día, y la lumbrera menor para que señoreare en la noche; hizo también las estrellas. 17 Y las puso Dios en la expansión de los cielos para alumbrar sobre la tierra, 18 y para señorear en el día y en la noche, y para separar la luz de las tinieblas. Y vio Dios que era bueno. 19 Y fue la tarde y la mañana el día cuarto". Génesis 1:14-19

En la tierra ya había luz antes que Dios creara el sol. ¿Cómo podemos explicar esto? Dice la Biblia: "En Él estaba la vida, y la vida era la luz de los hombres". Juan 1:4 E aquí la respuesta. Jesucristo es vida, es luz, no necesita nada de lo que creó para ser alumbrado; porque Él es la luz.

Quinto día. Los seres marinos y aves del cielo.

"Dijo Dios: Produzcan las aguas seres vivientes, y aves que vuelen sobre la tierra, en la abierta expansión de los cielos. 21 Y creó Dios los grandes monstruos marinos, y todo ser viviente que se mueve, que las aguas produjeron según su género, y toda ave alada según su especie. Y vio Dios que era bueno. 22 Y Dios los bendijo, diciendo: Fructificad y multiplicaos, y llenad las aguas en los mares, y multiplíquense las aves en la tierra. 23 Y fue la tarde y la mañana el día quinto". Génesis 1:20-23

Ahora, no solo la tierra estaba tomando forma; sino que ya había compañía. Se podía escuchar diferentes sonidos; ya no solo se escuchaba la brisa del mar y sus olas, sino que ahora se escuchaban las aves volar y cantar, y los monstruos marinos hacer sus sonidos; que hermoso todo lo que Dios iba creando para Él y para el beneficio del ser humano. Este Dios que creó todo esto, también nos creó a nosotros para que le adoremos y le sirvamos.

Sexto día. Animales terrestres y el ser humano.

"Luego dijo Dios:Produzca la tierra seres vivientes según su género, bestias y serpientes y animales de la tierra según su especie. Y fue así. 25 E hizo Dios animales de la tierra según su género, y ganado según su género, y todo animal que se arrastra sobre la tierra según su especie. Y vio Dios que era bueno. 26 Entonces dijo Dios: Hagamos al hombre a nuestra imagen, conforme a nuestra semejanza; y señoree en los peces del mar, en las aves de los cielos, en las bestias, en toda la tierra, y en todo animal que se arrastra sobre la tierra. 27 Y creó Dios al hombre a su imagen, a imagen de Dios lo creó; varón y hembra los creó. 28 Y los bendijo Dios, y les dijo: Fructificad y multiplicaos; llenad la tierra, y sojuzgadla, y señoread en los peces del mar, en las aves de los cielos, y en todas las bestias que se mueven sobre la tierra. 29 Y dijo Dios: He aquí que os he dado toda planta que da semilla, que está sobre toda la tierra, y todo árbol en que hay fruto y que da semilla; os serán para comer. 30 Y a toda bestia de la tierra, y a todas las aves de los cielos, y a todo lo que se arrastra sobre la tierra, en que hay vida, toda planta verde les será para comer. Y fue así. 31 Y vio Dios todo lo que había hecho, y he aquí que era bueno en gran manera. Y fue la tarde y la mañana el día sexto". Génesis 1:24-31

Al momento que Dios creó al hombre, Dios ya había creado todo para él, Adán no miró una tierra desordenada y vacía, mucho menos en tinieblas; cuando él fue creado, ya todo lo demás había sido creado. ¡Que hermoso y maravilloso es nuestro Dios para con nosotros! Ya nos tenía todo preparado. Dios no se equivoca cuando hace las cosas, Él nos ama tanto, que primeramente creó nuestras necesidades y después creó al hombre.

Séptimo día. Dios reposó.

"Fueron, pues, acabados los cielos y la tierra, y todo el ejército de ellos. 2 Y acabó Dios en el día séptimo la obra que hizo; y reposó el día séptimo de toda la obra que hizo. 3 Y bendijo Dios al día séptimo, y lo santificó, porque en él reposó de toda la obra que había hecho en la creación". Génesis 2:1-3

La Biblia es la Palabra de Dios, es un libro que sus historias son verídicas, que por medio de la arqueología se han podido descubrir hechos verídicos acerca de la Palabra de Dios.

"La ciencia arqueológica se ha desarrollado muchísimo en los últimos 50 años y gracias a ello hoy podemos constatar científicamente hechos y afirmaciones de los cuales la Biblia era la única evidencia que quedaba. En cuanto a ciencia, estudia los restos de civilizaciones en su ambiente y marco, y en su lugar exacto, con unas técnicas especiales que permiten reconstruir los escenarios de los hechos mencionados en los textos antiguos".[9]

Todas las ciudades y reinos de los cuales habla la Biblia, existen; algunos con otros nombres, pero la historia no miente; la Biblia tiene suficientes evidencias para comprobar que es verídica.

---

[9] Nuevo diccionarios bíblico ilustrado, por Villa y Ecuain 1985, Ed. Clie pág. 75

CAPITULO 2

EL PROCESO

LA DEPRESION DE ELIAS

¿Alguna vez ha experimentado depresión en su vida? Elías sí. La Palabra de Dios dice:

"Y él se fue por el desierto un día de camino, y vino y se sentó debajo de un enebro; y deseando morirse, dijo: Basta ya, oh Jehová, quítame la vida, pues no soy yo mejor que mis padres". 1 Reyes 19:4

15

Elías estaba muy asustado y frustrado, huyendo de la mano de Jezabel; porque Jezabel mandó decirle con juramento que lo iba a matar. Ella era la reina en ese entonces, así que sus deseos eran órdenes. Ella estaba muy enojada después que se enteró que Elías había degollado a sus 450 profetas de Baal en el arroyo Cisón. "Entonces Elías *les dijo: Prended a los profetas de Baal, para que no escape ninguno. Y ellos los prendieron; y los llevó Elías al arroyo de Cisón, y allí los degolló". 1 Reyes 18:40*

Cuando Elías huyó, se fue por el desierto; allí empezó su tormento, en el desierto de su mente. ¿Que se encuentra en el desierto? Arena, sequedad, el sol abrumador, el frio insoportable, soledad, todo se mira igual, no le hayas el fin. Es en el desierto donde está la soledad. Pero aún en esa soledad, Dios crea cosas en el desierto para que uno pueda descansar. La Biblia dice que se sentó debajo de un enebro.

"El enebro es un arbusto que crece en abundancia en el desierto y muy valorado aun en nuestros días por los nómadas. También es apreciado como combustible. En el desierto su sombra es muy buscada (1 R. 19:4; Job 30:4). Su madera es muy olorosa y a ella se hace alusión cuando se habla de "madera de cedro" en Lv. 14:4". [10]

Era tanta su desesperación, que deseaba que Dios le quitara la vida; él conocía a Jehová, y sabía que quitarse la vida por sus propias fuerzas era un pecado; así que le pidió a Dios que le quitara la vida. En esas circunstancias (la depresión), no hay sentido de vivir, pero cuando Dios tiene propósitos en tu vida, y ya tiene trazado tu destino, no va a obedecer a ciertas peticiones que le hagas.

"Y echándose debajo del enebro, se quedó dormido; y he aquí luego un ángel le tocó, y le dijo: Levántate, come". 1 Reyes 19:5

Cuando hay depresión, la mayoría de la gente no quiere y no puede comer, la persona sólo desea estar dormida; pero Elías

---

[10] Nuevo Diccionario Bíblico Ilustrado por Vila Escuain 1985, ed. Clie pág. 308

obedeció al ángel. Dios siempre va a mandar ángeles a tu vida a darte ánimo; hay personas que vienen a tu vida que las miras como ángeles, por la manera que te tratan. Esos ángeles te van a ayudar en esos momentos más difíciles de tu vida, te van a dar pan corporal, pero sobre todo, pan espiritual, que es la Palabra de Dios. No rehúses escuchar a esos ángeles, porque Dios los ha mandado a ti, para que te fortalezcan en tu travesía de prueba.

LA PALABRA DE DIOS, EL PAN DE VIDA

"Entonces él miró, y he aquí a su cabecera una torta cocida sobre las ascuas, y una vasija de agua; y comió y bebió, y volvió a dormirse". 1 Reyes 19:6

"Jesús les dijo: Yo soy el pan de vida; el que a mí viene, nunca tendrá hambre; y el que en mí cree, no tendrá sed jamás". Juan 6:35

Elías necesitaba la Palabra de Dios y la fe, para salir de esa depresión en la que se encontraba. En Juan 6:35 Jesús dice: que "Él es el pan de vida", Él es el alimento que necesitamos espiritualmente; dice Él: "El que a mí viene, nunca tendrá hambre" (Hablando espiritualmente); y dice también: "Y el que en mi creé, no tendrá sed jamás". Elías solo quería dormir, el ángel lo tenía que despertar. No te hundas en la soledad, hay esperanza en Jesús; Él tiene la respuesta para tus problemas. Dice su Palabra:

"Venid a mi todos los que estáis trabajados y cansados, y yo os haré descansar 29 Llevad mi yugo sobre vosotros, y aprended de mí, que soy manso y humilde de corazón; y hallaréis descanso para vuestras almas". Mateo 11:28-29

Este es el verdadero descanso que tu alma necesita, Ve a Jesús; Él te espera con los brazos abiertos, y te dice: NO TEMAS.

El hambre física la saciamos cada día, hasta lo hacemos 2 o 3 veces al día y volvemos a tener hambre, pero Jesús no está hablando del hambre física en este pasaje de su Palabra, Él está hablando acerca del hambre del alma; que por más que te premies con lujos, no la puedes saciar. Lo único que necesitas es entregarle tu vida al Señor Jesucristo; como dice su Palabra: "el que a mi viene nunca tendrá hambre", Jesucristo es el que sacia el hambre del alma.

Volviendo al texto: *"Se levantó, pues, y comió y bebió; y fortalecido con aquella comida caminó cuarenta días y cuarenta noches hasta Horeb, el monte de Dios". 1 Reyes 19:8*

Dice la Palabra: que después de saciarse fue fortalecido con aquella comida y pudo caminar cuarenta días y cuarenta noches por el desierto.

Comer de la Palabra del Señor es lo mejor que te puede pasar. La Palabra de Dios, o sea, la Biblia, es vida, sanidad, liberación y restauración a tu alma; si siempre estuviéramos en contacto con la Palabra de Dios, no existieran estos males en nosotros; pero desafortunadamente la Biblia es el libro más vendido en el mundo, pero el menos leído. Te reto a que hagas un devocional con Jesús cada día, tómate un tiempo para orar, leer la Biblia, y meditar en lo que has estado haciendo, ya sea bueno o malo; pedirle perdón a Dios, y agradecerle. Dios nos dejó su Palabra para que nos beneficiemos de ella, no para que la tuviéramos guardada por allí en forma de amuleto.

"Y es que los bestsellers o las novedades no son lo más importante. Que la biblia sigue siendo el libro más vendido del mundo hace un guiño a todos los fondos editoriales y, podríamos decir, le da un codazo a las librerías que se dedican a rotar por las mesas más visibles una novedad tras otra. Un dato curioso de la Biblia es que también es el texto que más se roba en las bibliotecas en Estados Unidos, según el record guiness.

La Biblia superó en gran escala a los grandes bestsellers del mundo en el 2021, por lo menos así lo asegura el

18

último informe del guiness World Records (2021), según el cual durante el año anterior, el texto que sirve de base a los cristianos de todo el mundo superó los 100 millones de ejemplares vendidos en 100 países y 23 idiomas, convirtiéndolo así en el más vendido de todos los tiempos". [11]

Ahora, póngase a pensar, ¿Qué pasaría si todos los que compran Biblias la leyeran todos los días? ¿Hubiera un cambio en la humanidad? Le aseguro que sí. Se lo digo por experiencia. La Palabra de Dios cambia el corazón y la mente abatida, es sanadora, liberadora, restauradora, y mucho más. Le invito a que lo experimente.

"LifeWay Research encuestó aproximadamente 2,500 cristianos protestantes de los Estados Unidos que asistieron a la iglesia al menos una vez al mes durante el periodo anterior a la encuesta. Lo interesante es que el estudio demostró que pocos son los encuestados que leen las Escrituras diariamente. Vayamos a los números que arrojó la encuesta: El 33% leían la Biblia a diario. El 27% la leía varias veces por semana. El 12% una vez por semana. 11% afirmó meditar en ella varias veces cada mes. El 5% una vez cada mes y el 12% admitió que rara vez o nunca leían la Biblia"[12]

Jesucristo es el pan de vida. Él es el alimento que nuestra alma necesita para estar saludables espiritualmente; si no estamos siendo alimentados constantemente, es decir, diariamente por las Escrituras, nuestra vida espiritual estará desnutrida. Si no te alimentas de la Palabra de Dios, entonces, ¿de qué te estas alimentando?

EL AGUA ES VIDA

El ángel de Jehová le vuelve a ofrecer alimento, y supongo que agua también. Dios es el pan de vida, y el agua que sacia nuestra alma. La Palabra de Dios dice: *"Mas el que bebiere del agua que yo*

---

[11] hptts://publishnews.es/la-biblia-es-el-libro-mas-vendido-del-mundo, mar. 4, 2022

[12] Biteproject.com, Mayo 13, 2020

le daré, no tendrá sed jamás; sino que el agua que yo le daré será en él una fuente de agua que salte para vida eterna". Juan 4:14

Es trascendente tomar de esa agua, para no tener más sed; aquí está hablando acerca de la sed espiritual. Hay mucha gente sedienta en su espíritu; tratan de llenarlo con los placeres del mundo, con alcohol y drogas, amuletos de buena suerte, etc. pero esa sed, el único que la puede saciar es Jesucristo. La Palabra de Dios dice: "Como el agua *fría al alma sedienta, así son las buenas nuevas de lejanas tierras". Proverbios 25:25* Solo las buenas nuevas de Jesús van a saciar esa sed de tu alma. "El que creé en mí, *como dice la Escritura, de su interior correrán ríos de agua viva". Juan 7:38*

Así como el ángel le llevó una torta de pan, también le llevó una vasija de agua. Necesitamos de esa agua todo el tiempo si queremos estar vivos espiritualmente. El agua corporal la necesitamos para vivir; sin agua, el cuerpo se seca, se deshidrata, de igual manera, sin la presencia de Dios (que viene siendo esa agua que fluye), no podemos vivir.

Este libro surgió por ver tanta necesidad en personas y hermanos de la iglesia con ese problema; por más que oraba y pensaba en cómo ayudarlos, no encontraba respuesta, al igual que ellos. Muchos de ellos iban al doctor, y les recetaban antidepresivos. Después de unas semanas, el fármaco hacía efecto y empezaban a reaccionar; por consiguiente seguían tomándolo. Pero después de un tiempo, cuando ya se sentían bien y volvían a sus labores cotidianas, ellos mismos decidían dejar el medicamento; porque su salud emocional estaba estable. Seguían su vida normal sin más depresión; pero después de un tiempo, volvían a recaer en lo mismo, y hasta peor que su situación pasada. No estoy en contra de los fármacos; sé que la ciencia médica hace lo posible para que el ser humano viva bien o viva sin dolor, con ciertos fármacos; el punto aquí, es: ¿Quiere usted vivir todo el tiempo dependiendo de una pastilla para sentirse bien? Yo no.

Los fármacos solo calman, Dios da sanidad; esa sanidad divina que realmente necesitamos. Y muchas de las veces, nosotros nos hemos causado ciertas enfermedades; una de ellas es por la dieta que hemos llevado toda la vida; la alimentación tiene mucho que ver en nuestra salud. Dios nos puede sanar, pero si seguimos comiendo comida chatarra todos los días, la enfermedad va a volver (sea la enfermedad de que sea); porque simplemente le estamos diciendo a Dios y a nuestro cuerpo, que no nos interesa nuestra salud. No quiero juzgarlo diciendo esto, no me lo tome a mal; a lo mejor, usted no sabe que ciertos alimentos que consumimos frecuentemente, los tenemos como saludables, pero en realidad, nos han estado causando muchos problemas físicos. Un naturista le puede dar mucha información acerca de esto.

Hay personas que se atreven a decir: "Prefiero morir lleno, dándome mis gustos, que sufrir por antojos"; es que, si fuera antojo, fuera de vez en cuando; pero lo quiere todos los días. La mayoría de las enfermedades son causadas por lo que comemos y por lo que hay en el corazón. Lo único que le puedo asegurar es: Que sé, que hay esperanza en Jesús; por eso nació en mí el anhelo de poder ayudar a las personas que han pasado, o están pasando por esta situación de depresión y ansiedad. Lo único que quiero, es poder colaborar por medio de este libro, experiencias y pasos que le pueden ayudar a salir de ellas.

He aquí una experiencia propia:

No solo conocidos he mirado con esta situación, también lo pude experimentar en mi esposo. No es algo fácil entender a una persona cuando está pasando por eso. Yo no sabía cómo ayudarlo; eso para mí era nuevo. Hacíamos de todo para que él se sintiera bien; en realidad no nos explicábamos lo que le estaba pasando.

Mi esposo experimentaba síntomas de: la cabeza entumecida, sentía que la mitad de la cabeza le hacía un sonido como de crujido,

21

sentía la cabeza hueca; en ocasiones le daba por llorar, se le perdían los pulsos, sentía su corazón acelerado, muchos mareos, debilidad, etc.; para concluir, él sentía que se iba a morir.

Cuando empezó todo eso en él, yo salí embarazada, andábamos en varios hospitales con él; cuando él declaraba los síntomas al enfermero, lo pasaban a revisar de inmediato; pero ¿Qué cree? No le encontraban nada anormal conforme a sus síntomas. No sabíamos a qué nos estábamos enfrentando. Cuando a usted le dan un diagnóstico, usted sabe lo que le pasa; pero, a él no le daban ninguno.

En ese transcurso perdí a mi bebé; era algo muy abrumador lo que estábamos pasando en nuestras vidas; un día, nos tocó estar hospitalizados a los dos; estábamos en el mismo hospital, solo diferentes habitaciones; en ese momento sentí que mi fe se me terminaba, me iban a realizar un degrado, había perdido a mi bebé. No teníamos dinero, mi esposo trabajaba unos días y otros no, por su situación; yo dejé de trabajar cuando me di cuenta que estaba embarazada; porque donde trabajaba, se manejaban muchos químicos, los cuales no eran actos para mi situación.

Pero quiero decirle que Dios nunca nos dejó; a los días de que mi fe estaba por los suelos, vino a mí, Palabra de Dios a mi mente. Dios me habló directamente diciéndome que Él no nos había dejado, que Él estaba con nosotros; eso me alentó y le pedí perdón por haber dudado de Él. Todos pasamos por momentos en los cuales queremos tirar la toalla, pero no se rinda, siga adelante; hay esperanza en Cristo Jesús.

Una noche, mi esposo se puso muy mal, lo llevé de emergencia al hospital, estuvimos toda la noche allí; desde las 10 pm hasta las 8 am del siguiente día. Allí le diagnosticaron: Depresión, ansiedad y ataques de pánico; créame, ese es el peor equipo que puede tener.

Son enemigos invisibles, que no sabes en qué momento te van a atacar; uno no tiene el control; pero déjeme decirle que uno como ser humano no tiene el control, pero Dios sí. Le recetaban medicamentos, y él los investigaba, y al investigarlos, se daba cuenta que los efectos secundarios iban a ser peores, que lo que el medicamento podía hacer por él; así que dejaba de tomarlos.

En todo este proceso devastador, nunca dejamos de servir a Dios, nunca faltamos a la iglesia por quedarnos en la casa por motivo de la depresión y sus derivados. Dios siempre le dio fuerzas a mi esposo para salir y enfrentarse allá afuera. Su medicina era escribir los Salmos, orar, y leer la Biblia.

Hay enemigos invisibles que solo pueden ser atacados con oración y la Palabra de Dios; y la depresión, la ansiedad, y ataques de pánico, son unos de ellos. Qué curioso, que poco antes de que mi esposo empezara con eso, tuvo un sueño, donde demonios en forma de changos le tocaban su cabeza y le decían que lo iban a destruir.

El enemigo puede aventar sus amenazas y asustarnos. Pero es más poderoso el que está con nosotros (nuestro Señor Jesucristo), que el que está en el mundo. *"Hijitos, vosotros sois de Dios, y los habéis vencido; porque mayor es el que está en vosotros, que el que está en el mundo". 1 Juan 4:4*

No le creas al diablo lo que te dice, él solo quiere perturbar tu mente, Cristo es el que nos libera y da paz en nuestros corazones. El proceso ha sido largo, pero Dios está con nosotros, Jesucristo ha sido el antidepresivo de mi esposo. Con esto no quiero hacer sentir mal a las personas que toman antidepresivos. No, claro que no. Solo le comparto que hay esperanza en Jesús y Él ha sido la medicina y antidepresivo para muchos creyentes. Sé que no todos los casos son iguales, mucho menos los procesos, lo importante es que pueda salir de eso, vivir una vida en paz, y sin temores.

Quiero compartir otro testimonio de la hna. Roberta Maya

En el 2017 nos mudamos de México a USA, ahora sé que fue Dios quien nos movió; tengo dos hijos, un varón de 8 años y una niña de 2 años, y en espera del tercer hijo para este 2023 con la voluntad y gracia de Dios. Al poco tiempo que llegamos a Estados Unidos nos comenzamos a congregar en una Iglesia Cristiana, nos bautizamos y recibimos al señor Jesucristo como nuestro Salvador, sin embargo; puedo decir que mi encuentro con Dios comenzó en Julio del 2021, cuando me vi envuelta en una situación nada grata; quería solo dormir, no levantarme de la cama por más lindo que estuviese el sol allá afuera, para mí era todo oscuro, en ese entonces mi hija menor tenía 6 meses, la atendía pero sin ganas; al igual que todas las actividades sin deseo de nada, estaba siendo bombardeada mentalmente con pensamientos malos, la mayoría eran de que ya no había solución; que era una pecadora y estaba condenada. Lloraba mucho y sentía mucha opresión sobre mí, tuve hasta dolor en el pecho por ansiedad y angustia, que acudí a elaborarme estudios de corazón, los cuales salieron normales. Mi esposo comenzó a pedir ayuda con los Pastores y algunos hermanos de la Iglesia; oraron y clamaron por mí.

A Dios gracias, por hacerme libre, por la vida de mi esposo y cada hermano y familia en Cristo que no me soltó de sus oraciones. Cuando era oprimida, llamaba a mi familia con la que me sentía con más confianza para pedir oración, me di cuenta de que el único que podía ayudarme a salir de esta oscuridad era Jesucristo. Dios es bueno y real, a Él sea la Gloria.

Una noche tuve un sueño: Me encontraba en un lugar solo, era un camino, y a lado había una cerca con árboles secos de donde salía una serpiente y esta se me enredaba en todo mi cuerpo diciendo; -así te tengo para que no vayas a Evangelizar-, comenzaba a decir: Jesús, pero no podía pronunciarlo, insistí y cuando logre pronunciar JESÚS, JESÚS, mi cuerpo era libre de la serpiente, hay Poder en el Nombre de JESÚS.

En unos de los días más oscuros, le pedí a mi esposo que me llevara al parque, que necesitaba aire y caminar, al llegar le dije: ¿me puedes esperar en el coche con los niños? Quiero ir sola, al lado del parque había un puerto, me acerque a la orilla y mire las rocas grandes que estaban junto al agua, ahí mismo pasó por mi mente arrojarme y ser golpeada por las rocas y dejar de sentir esa opresión. Dios en su misericordia no lo permitió, si lo hacía, ahora si ya no habría solución; fue lo que pasó por mi mente enseguida. *"El ladrón no viene sino para hurtar, matar y destruir; yo he venido para que tengan vida, y para que la tengan en abundancia". Juan 10:10*

Comencé a buscar más de Dios, aunque no tuviese ganas de nada: le alababa, le adoraba y me levantaba de madrugada a orar, los ayunos se volvieron parte de mi vida, ahora si estaba teniendo una comunión con el Padre Eterno pidiéndole que me hiciera libre para poder servirle.

En diciembre de 2021 nos movimos por fe a otro Estado, seguimos buscando de las cosas de Dios;

"Más buscad primeramente el Reino de Dios y su justicia y todas estas cosas os serán añadidas". **Mateo 6:33**

Fui libre de esa opresión, ansiedad y depresión a inicios del año 2022 para la Gloria y Honra de Dios. No digo que ya no reciba ataques o pruebas, pero si nos mantenemos en comunión y en la palabra de Dios; venceremos y tendremos el discernimiento y la fe, para no dejar que nos afecte. *"Sobre todo, tomad el escudo de la fe con que podáis apagar todos los dardos de fuego del maligno. Y tomad el yelmo de la salvación y la espada del Espíritu, que es la palabra de Dios".* **Efesios 6:16-17**

La depresión tiene máscara de sonrisa. Habla, pide ayuda, acércate a Dios, no estás solo o sola.

Quiero compartir otra experiencia, este proceso fue diferente, pero el Señor le dio la victoria:

La hermana Rutila Romo ha padecido depresión en tres ocasiones, y este es su testimonio:

Yo Rutila, antes de entregarme al Señor, no sabía lo que era una depresión. El día que me entregué al Señor fue algo tan poderoso, tuve un cambio en mi vida sorprendente; de ser una vil pecadora junto con mi esposo, mi vida tomó un giro de 180 grados para bien, yo era muy activa en la iglesia y empecé a pedir perdón a mi esposo e hijos por todo lo malo que les había hecho, y eso causó aún un cambio más en mi vida. Después de un tiempo, mi esposo empezó a ir a un estudio de la Biblia conmigo, yo no cabía de gozo, pero cuando mi esposo decidió entregarle su vida al Señor, me empezó a dar mucho miedo, como terror, era algo tan feo. Yo soy una mujer que no le tiene miedo a nada, me gusta enfrentar las cosas, pero en este caso, era algo diferente, no sabía lo que me estaba pasando, le llegué a decirle a mi esposo que no se bautizara, porque este camino no era fácil, yo misma lo llegué a desanimar, pero no entendía lo que me estaba pasando. Desde ese momento yo ya no era la misma, empecé a tener mucho desánimo y miedo, ganas de decir: "Ya no quiero seguir", pero gracias a Dios nunca desistí. El Señor usó a un hermano diácono de la iglesia para hablar con nosotros, mi esposo decidió bautizarse, y yo ese día lloré de tristeza porque no pude disfrutar ese momento tan especial, me dolió tanto, y todavía me duele que no pude hacerle una celebración a mi esposo por su bautismo a causa de cómo me sentía, no me daba cuenta que había entrado en depresión. De allí, al otro día me fui al altar a orar, y le empecé a clamar al Señor que me quitara esto que sentía, pero seguí igual.

Nosotros teníamos una fábrica, y como al mes que se bautizó mi esposo recibimos una noticia muy desagradable, resulta que se había abierto el libre comercio y a causa de eso, ya no nos iban a dar la misma cantidad de órdenes, solo la mitad. Hicimos una junta con los trabajadores para dejarles saber lo que estaba pasando, todo iba de mal en peor, pero me acuerdo que cuando yo empecé a ir a la iglesia, en el altar orando, le dije a mi Señor que me quitara todo lo que me estorbaba para servirle; y ese negocio en realidad, era un estorbo. Nosotros ganábamos mucho dinero, pero así también lo derrochábamos para perdición. Así que el Señor contestó mi petición, aunque mi esposo y yo no sabíamos que esa pérdida era para bien. En realidad mi esposo y yo dudábamos de lo que estaba pasando; fue algo muy doloroso, y a la vez nos preguntábamos: ¿Por qué Dios nos había quitado nuestro patrimonio? sin saber que eso era un estorbo en nuestra vida espiritual. Volviendo al tema de la depresión, no podía dormir de noche ni de día; un día me levanté sintiendo que mi corazón estaba abierto, no soportaba que me diera el aire, me puse mi mano en el corazón porque me palpitaba muy fuerte, hasta sentía las palpitaciones en la garganta; de inmediato salí corriendo de mi casa a la casa de los hermanos Valle a que oraran por mí, sentía mucho miedo, que me moría. Como a las dos horas que llegué con ellos, me empezaron a sudar las manos y los pues, nunca me había pasado eso. Cuando los hermanos me dijeron que volviera a mi casa, me entró un temor como nunca en mi vida lo había sentido, no quería llegar a mi casa. Después de ese acontecimiento, mi esposo me llevó con una psicóloga, y ella le dijo a mi esposo que ella no podía hacer ya más por mí, porque mis nervios estaban muy alterados, y le recomendó un psiquiatra. Me llevó al psiquiatra; el psiquiatra, me dio un medicamento, el cual me mantenía dormida; pero no solo dormida, sino como hipnotizada también; me sentía muerta en vida, solo quería estar encerrada en un lugar oscuro. Cuando salimos del psiquiatra, yo le dije a mi esposo que no quería ir a mi casa; que quería estar con mi mamá. Estuve con mis padres como dos semanas; dormía en la misma recámara de ellos, porque yo no consentía estar sola; tenía un miedo muy profundo. Para esto, el pastor y las hermanas más allegadas iban a hacer oración por mí; eso me ayudaba a tranquilizarme. Pero no les dejaba que entraran a la recámara, porque me sentía tan mal, que no quería que me miraran así.

Un día, la hermana Gloria se puso en ayuno y oración por mí, después de eso, llegó con la hermana Lluvia a la casa de mi mamá, y me dijo estas palabras: _"Yo no vengo a invitarla a la iglesia, vengo por usted, porque el día de hoy el Señor la va a ser libre"_. Yo me sentía mareada, no tenía fuerzas en mis rodillas, y esto por causa del medicamento. Ellas me vistieron y me arreglaron para ir a la iglesia, y como yo no podía caminar bien, ellas me llevaron casi cargando. Cuando llegamos a la iglesia, el Señor usó a un pastor para que yo fuera libre, y así fue. De primero, cuando empezaron las alabanzas, yo no sentía nada; las hermanas me decían: Levante sus manos al Señor, y yo les decía: No puedo; pero como a la tercera alabanza empecé a sentir algo diferente, ya pude levantar mis manos, ahora ya sentía ese gozo; cuando llegó la hora que el pastor iba a orar por las personas que tenía depresión, la hermana Gloria me paso al frente, porque yo sola no podía; cuando el pastor estaba orando por mí, yo caí al piso, pero yo sentí que algo sucedió en mí, que algo pasó en mí; el Señor me hizo libre de esa opresión del enemigo. De allí me fui a la casa de la hermana Gloria unos días, yo seguí tomando el medicamento, pero ya no igual; yo todavía tenía miedo de recaer, pero la hermana se puso en la brecha por mí; todos los días oraba por mí, y así fui bajando la dosis hasta dejarlas por completo.

Tiempo después, mi esposo se fue para Estados Unidos, porque ya no teníamos trabajo en México, y yo me quedé allá. En ese tiempo, me dio una fatiga muy fea, no podía hacer nada, me entró un desanimo muy horrible, venía a mi mente que para qué iba a la iglesia, que todo lo que estábamos pasando no era justo; después de un tiempo, mi esposo me dijo que me viniera para Estados Unidos. Para mí era algo frustrante, porque iba a llegar a la casa de mis suegros, y ellos nunca me han querido; me sentía entre la espada y la pared. Me vine para Estados Unidos, y acá siguió mi desdicha; volví a recaer en la depresión, pero volví a ser libre, y en esta ocasión me di cuenta que tenía un temor ganar almas para Cristo; porque cada vez que lo hacía, venía este problema a mi vida; el enemigo me quiso atemorizar de esa manera.

La última vez que me pegó eso, me puse mal, con desánimo, sin ganas de hacer nada; absolutamente nada, con muchos trabajos iba a la iglesia. Un día fue a predicar un ministro; él acababa de salir de una depresión, y en la prédica él relataba su testimonio, de cómo Dios lo había sacado de eso; cuando terminó de predicar, oró por mí, reprendió esa cochina depresión, y desde allí mi vida cambió, soy la misma de antes, trabajando para el Señor. A mí me gusta hablarle mucho a la gente que no conoce de Dios, para que lo conozcan. El Señor me quitó ese temor que sentía; el cual, cada vez que ganara un alma para Cristo, iba a volver eso, o sea, a la depresión. Gracias Señor Jesús.

"El Dr. Craig Sawchuk, psicólogo clínico, experto en Mayo clinic explica: La depresión es un trastorno emocional que causa un sentimiento de tristeza constante y una pérdida de interés en realizar diferentes actividades. También denominada "trastorno depresivo mayor" o "depresión clínica", afecta los sentimientos, los pensamientos y el comportamiento de una persona, y puede causar una variedad de problemas físicos y emocionales. Es posible que tengan dificultades para realizar las actividades cotidianas y que, a veces, sientas que no vale la pena vivir. Más que solo una tristeza pasajera, la depresión no es una debilidad y uno no puede recuperarse de la noche a la mañana de manera sencilla. La depresión puede requerir tratamiento a largo plazo. Pero no te desanimes. La mayoría de las personas con depresión se sienten mejor con medicamentos, con psicoterapia o con ambos.

Síntomas. Los síntomas se producen durante gran parte del día, casi todos los días y pueden consistir en:

- Sentimiento de tristeza, ganas de llorar, vacío o desesperanza.

- Arrebatos de enojo, irritabilidad o frustración, incluso por asuntos de poca importancia.

- Pérdida de interés o placer por la mayoría de las actividades habituales o todas, con las relaciones sexuales, los pasatiempos o los deportes.

- Alteraciones del sueño, como insomnio o dormir demasiado.

- Cansancio y falta de energía, por lo que incluso las tareas pequeñas requieren un esfuerzo mayor.

- Falta de apetito y adelgazamiento, o más antojos de comida y aumento de peso.

- Ansiedad, agitación o inquietud.

- Lentitud para razonar, hablar y hacer movimientos corporales.

- Sentimientos de inutilidad o culpa, fijación en fracasos del pasado o auto reproches.

- Dificultad para pensar, concentrarse, tomar decisiones y recordar cosas.

- Pensamientos frecuentes o recurrentes sobre la muerte, pensamientos suicidas, intentos suicidas o suicidio.

- Problemas físicos inexplicables, como dolor de espalda o de cabeza.

Para muchas personas con depresión, los síntomas suelen ser lo suficientemente graves para causar problemas evidentes en las actividades cotidianas, como el trabajo, la escuela, las actividades sociales o las relaciones con otras personas. Algunas personas pueden sentirse infelices o tristes en general sin saber realmente porque".[13]

PASOS QUE TE PUEDEN AYUDAR PARA SALIR DE LA DEPRESION

"Y volviendo el ángel de Jehová la segunda vez, lo tocó, diciendo: Levántate y come, porque largo camino te resta". 1 Reyes 19:7

- **Obedecer.** Cuando hay depresión, la mayoría de la gente no quiere salir de su cuarto; se encierran, y no quieren saber nada de la vida (Así como explica el Dr. Sawchuk); hay un encerramiento en un mundo oscuro donde ni ellos saben porqué están así, algunos hasta desean morir. En ese momento el ser humano, no quiere obedecer a nada de lo que la gente le dice; porque muchos les juzgan de locos o que están inventando su situación. No sé lo que te llevó a este

[13] www.mayoclinic.org Dr. Craig Sawchuk psicólogo, Oct. 14,2022

problema, lo que si te puedo asegurar, es que hay esperanza para salir de él; Elías obedeció y se levantó a la voz del ángel de Jehová; tú también lo puedes hacer en el nombre de JESÚS.

- **Levantarse.** Cuesta mucho levantarse, no hay fuerzas para seguir, y puedes decir como dijo Elías: ¿para qué quiero la vida? Elías se sentía decepcionado, porque decía: "No soy mejor que mis padres" Su decepción y el temor de que alguien "muy poderoso" lo estuviera persiguiendo para matarlo, lo encerró. Todos esos acontecimientos lo llevaron a esa depresión. Pero se levantó. Te invito a que hagas lo mismo. Levántate en el nombre de Jesús y busca ayuda, y a alguien que esté contigo para pasar esa travesía. Hay personas que están dispuestas a apoyarte, busca ayuda, no estás solo (a).

- **Soporta el proceso de la prueba.** "Se levantó, *pues, y comió y bebió; y fortalecido con aquella comida caminó cuarenta días y cuarenta noches hasta Horeb, el monte de Dios". 1 Reyes 19:8* Elías obedeció al ángel, comió pan y bebió agua. Dice la Palabra de Dios: que después de saciarse, fue fortalecido con aquella comida y pudo caminar cuarenta días y cuarenta noches por el desierto. El número "40" significa prueba, y el desierto es un lugar no agradable para caminar por cuarenta días y cuarenta noches. Así, Elías fue probado por esos cuarenta días para que se diera cuenta que había en su corazón. 40: "Prueba completa sacando a la luz el bien o el mal". [14]

Elías pudo pasar el desierto, o sea, pudo pasar la prueba y llegar a su destino. Pero, lo pudo hacer porque primero fue fortalecido por la Palabra de Dios (hablando espiritualmente). La Palabra de Dios es la que nos ayuda a estar fuertes para cuando sea tiempo de estar en una prueba. En su momento, todos vamos a ser probados.

"Para que sometida a prueba vuestra fe, mucho más preciosa que el oro, el cual aunque perecedero se prueba

[14] Nuevo Diccionario Bíblico Ilustrado, por Vila y Escuain 1985, Ed. Clie pág. 823.

con fuego, sea hallada en alabanza, gloria y honra cuando sea manifestado Jesucristo". 1 Pedro 1:7

Elías tuvo que caminar cuarenta días y cuarenta noches para llegar a Horeb. *Horeb era el monte de Dios. Horeb, en hebreo significa: "yermo, desierto".*[15] La Biblia así lo dice: "Apacentando *Moisés las ovejas de Jetro su suegro, sacerdote de Madián, llevó las ovejas a través del desierto, y llegó hasta Horeb, monte de Dios". Éxodo 3:1*

Cuando uno está en la prueba, necesita ir al encuentro de Dios. Elías iba a encontrarse con Dios. Sabía que Él era el único que le podía ayudar con el problema que traía en su mente y corazón. Sin duda, Dios se encontraba en ese monte. Al saber el significado del nombre de "Horeb", nos damos cuenta que permanecía donde mismo, Llegó a un lugar pero seguía siendo desierto. No es fácil salir de eso, es como un túnel sin salida.

• **No te rindas.** "Y allí se metió en una cueva, *donde pasó la noche. Y vino a él palabra de Jehová, el cual le dijo: ¿Qué haces aquí, Elías?" 1 Reyes 19:9* Miren lo que hizo Elías, se metió en una cueva a esconderse; habían pasado más de cuarenta días cuando Elías había restaurado el altar de Jehová, y había hecho un sacrificio allí en presencia del pueblo de Israel. El Señor le dio la victoria en frente de todos los sacerdotes de Baal y Asera. Él retó a los sacerdotes idólatras y al pueblo de Israel diciendo: "El sacrificio en el cual descienda fuego del cielo, ese Dios es el verdadero, el único"; y el sacrificio del cual descendió fuego, fue en el de Elías, el cual clamaba al Todopoderoso:

"Respóndeme Jehová, *respóndeme, para que conozca este pueblo que tú, oh Jehová, eres el Dios, y que tu vuelves a ti el corazón de ellos. 38 Entonces cayó fuego de Jehová, y consumió el holocausto, la leña, las piedras y el polvo, y aun lamió el agua que estaba en la zanja. 39 Viendo todo el*

[15] Nuevo Diccionario Bíblico Ilustrado, por Vila y Escuain 1985, Ed. Clie pág. 508.

32

pueblo, se postraron y dijeron: ¡Jehová es el Dios, Jehová es el Dios!' 1 Reyes 18:37-39

Con esta victoria, Elías degolló a todos los profetas. Esto que hizo, fue un hallazgo heroico y valiente; pero, sobre todo, poderoso; pero una mujer perversa de corazón, hizo que cambiara su valentía por miedo y depresión. Allí estaba Elías escondido en una cueva. Una cueva es un lugar oscuro, y por consecuencia de la oscuridad, no sabes a lo que te puedes enfrentar en ese lugar.

Cuando una persona se encuentra en depresión, se encierra, por lo regular en un cuarto oscuro; solo quiere estar acostada, y así se siente bien. Si usted conoce a alguien que está pasando por esto, no lo juzgue, dele tiempo, ore por él, y con él. Dios no nos llamó a estar aislados de las personas, sino a tener un compañerismo con ellas. Necesitamos de los seres humanos y ellos necesitan de nosotros, así nos hizo Dios. "Y ahora te ruego, *señora, no como escribiéndote un nuevo mandamiento, sino el que hemos tenido desde el principio, que nos amemos unos a otros". 2 Juan 1:5*

El amarnos nos trae compañerismo. No te rindas; aunque no mires la salida, sigue confiando en Dios, lee la Biblia todos los días, porque aún en medio de la oscuridad, allí está Dios; aunque no sientas su presencia allí está, todo tiene un propósito en esta vida.

- **Encuentro con Dios.** Elías está dentro de la cueva cuando Dios le pregunta: "Elías, ¿qué haces aquí?" (1 Reyes 19:9). Elías estaba asustado, frustrado y desilusionado de la vida, pero en su jornada se encontró con Dios y entró a su cueva. La Palabra de Dios dice:

"Venid a mi *todos los que estáis trabajados y cargados, y yo os haré descansar. 29 Llevad mi yugo sobre vosotros, y aprended de mí, que soy manso y humilde de corazón; y hallaréis descanso para vuestras almas". Mateo 11:28-29*

33

Me puedo imaginar a Elías buscando ese descanso en su alma. Después de la gran victoria que Jehová le había dado, volviendo al pueblo de Israel de sus malos caminos, y de adorar a dioses falsos como Baal y Asera, esa hazaña fue una derrota para Satanás; él no se iba a quedar con los brazos cruzados, así, que, usó a la malvada Jezabel (la reina en ese tiempo), para intimidar a Elías y lo logró.

No importa si el enemigo te intimida y logra su objetivo, lo importante es, ir al monte Horeb a tener un encuentro con el Todopoderoso. El desierto es doloroso e incierto, pero cuando lo pases, tendrás la victoria. Jesús, es el que te puede sacar de esa depresión, ansiedad, problema, frustración, etc. Ve a Él, reúnete con Él en oración, cuéntale cualquiera que sea tu problema, y sal de la cueva. ¡Hay poder en Cristo!

• **Desahógate.**

"Él respondió: He sentido un vivo celo por Jehová Dios de los ejércitos; porque los hijos de Israel han dejado tu pacto, han derribado tus altares, y han matado a espada a tus profetas; y sólo yo he quedado, y me buscan para quitarme la vida". 1 Reyes 19:10

Su decepción era: Que su mismo pueblo le había dado la espalda a Dios, Jehová de los ejércitos, yendo tras otros dioses; y esa decepción se convirtió en depresión, porque ellos se habían alejado del Todopoderoso.

Una decepción grande te puede llevar a una depresión, de donde no quieres salir, por sentir que la vida ya no tiene sentido. Ejemplo: Un engaño de tu pareja, divorcio, pérdida de un hijo o cónyuge, un negocio que no tuvo éxito y pusiste toda tu confianza en eso; en algunas ocasiones los cambios hormonales también pueden llevar a una depresión.

"Las mujeres tienen casi el doble de probabilidad de tener un diagnóstico de depresión que los hombres. La depresión puede ocurrir a cualquier edad. Algunos cambios de humor y sentimientos de depresión surgen con los cambios hormonales normales. Pero no son los cambios hormonales sólo los que causan la depresión. El riesgo más alto de depresión está asociado con otros factores biológicos, características hereditarias, y circunstancias y experiencias de la vida".[16]

En realidad, nuestra confianza tiene que estar primeramente en Dios; y segundo en todo lo demás. Realmente la depresión no te deja ver ya más el futuro, se acaba la esperanza de seguir luchando por la vida, por los sueños y metas; en pocas palabras, ya no se le encuentra sentido a la vida. Mucha gente tiene pensamientos suicidas, y eso no es normal; uno no tiene derecho a quitarse la vida, porque no es tuya; Dios es dueño de esa vida, por lo cual le pertenece. La Palabra de Dios dice: "De Jehová es la *tierra y su plenitud; el mundo, y los que en él habitan". Salmo 24:1*

Era tan grande el celo de Elías Tisbita que no soportaba mirar el pueblo adorar a otros dioses. En la actualidad pasa lo mismo; como cristianos seguimos adorando otros dioses; la idolatría está a flor de piel.

El cristiano ya no adora un dios de barro, de madera, o de cualquier material que se pueda palpar; pero si adora a su trabajo, negocio, carro, casa, etc. Cualquier cosa que te desvíe de servir a Dios es idolatría y Dios lo aborrece. Pospones adorar a Dios por tu trabajo, te levantas muy de mañana y se te olvida tener un momento a solas con Él, llegas cansado en la tarde y los afanes en tu casa u otras actividades te dejan exhausto; para cuando vas a la cama estás demasiado cansado (a) y no tienes tiempo para Dios. Puedes decir: "mañana oro" y llega la mañana del siguiente día (sí te levantas

---

[16] www.mayoclinic.org/es-es/diseases-conditions/depression/in-depth/depression/art-20047725

a tiempo), pero recuerdas que ese tiempo lo puedes utilizar para avanzar en algún asunto de tu casa, y prefieres hacer eso, que tener un tiempo con Él.

Recuerda que Él es el que nos da la vida, el trabajo y las fuerzas para levantarse; sin Él no somos nada. Que te pareciera que Dios dijera: ahora es el último día de tu trabajo, o el último día de tu vida. ¿Qué harías? Algunos lo maldicen y es la única manera que se acuerdan de Él. Otros recapacitan y se dan cuenta que han estado desperdiciando su vida sin Él. Otros llegan a su casa, matan a su familia y después se suicidan ellos, porque simplemente su confianza solo estaba puesta en su negocio o trabajo. Pero Dios no es así, aunque la humanidad, y parte de sus hijos se olviden de Él, Dios no te olvida. Él quiere que vivamos una vida plena en Él, uno solo se busca sus propias consecuencias. Dice la Biblia: "Para que seáis *hijos de vuestro Padre que está en los cielos, que hace salir su sol sobre malos y buenos, y que hace llover sobre justos e injustos".* *Mateo 5:45* Dios no se limita en bendecirte, no importa si le adoras o no. ¿Por qué no reflexionar en lo que estamos haciendo y decidir buscarle en oración y obedecerle?

Que no nos pase, lo que les pasa a mucha gente que vive sin temor de Dios; que en muchas ocasiones, terminan con su vida. Desahógate para bien, para salir del problema. No hay remedio mejor que sacar lo que hay en el corazón, platícale a Dios con tus propias palabras cómo te sientes, y verás que vas a encontrar una salida. Cuando uno empieza a buscar ayuda, la encuentra. Busca a alguien con quien desahogarte y calmar tu pena, no es nada fácil, pero tampoco es imposible. Si buscas a Dios, lo vas a encontrar; solo espéralo, Él llega en el momento más oportuno.

- **Dios va a pedirte que salgas.**

"Él le dijo: Sal fuera, y ponte en el monte delante de Jehová. Y he aquí Jehová que pasaba, y un grande y poderoso viento

36

que rompía los montes, y quebraba las peñas delante de Jehová; pero Jehová no estaba en el viento. Y tras el viento un terremoto; pero Jehová no estaba en el terremoto. 12 Y tras el terremoto un fuego; pero Jehová no estaba en el fuego. Y tras el fuego un silbo apacible y delicado". 1 Reyes 19:11-12

Elías fue en busca de Jehová Dios de los ejércitos, y cuando lo pudo encontrar, Dios no lo compadeció ni lo mimó por lo que estaba pasando. Simplemente le dijo: "Sal fuera". Elías estaba tan adentro de sus complejos y derrotas que Dios tuvo que llamarle la atención y decirle: Sal fuera y mira mi poder. El poder de Dios es lo más grande que puede haber, y Elías lo pudo experimentar; Elías pensaba que lo que él estaba pasando era lo peor, pero realmente lo peor, espantoso y a le vez maravilloso, estaba por venir. Dios le mostró su poder por medio del viento, un viento muy fuerte el cual rompía montes, quebraba las peñas; me imagino que Elías apenas se podía sostener de pie o simplemente se regresó adentro de la cueva por el estruendo tan fuerte del viento. Pero eso no era todo, de allí se presentó un terremoto que probablemente estremeció a Elías. Dios necesitaba estremecer a Elías para que volviera a la realidad, pero lo estremeció con su poder.

No sé si te ha pasado; pero, cuando Dios estremece, es para bendición. Cuando un árbol es estremecido por el viento, empieza a soltar hojas secas y fruto maduro. Los estremecimientos limpian, se cae lo seco, objetos estancados, etc., lo importante es que queda limpio, listo para ser lleno nuevamente de hojas nuevas y fruto nuevo. Así el humano, Dios lo estremece para limpiarlo; y por consecuencia, regenerarse y dar fruto nuevo. Dios le estaba mostrando su poder a Elías para que se diera cuenta que Él era el que tenía el control de todo. Elías tuvo que experimentar vientos, terremotos, y aun fuego, para después experimentar la paz de Dios, el Todopoderoso..."y tras el fuego un silbo apacible y delicado", Dios es paz; y cuando experimentes esa paz, es cuando puedes salir de esa cueva llena de oscuridad y depresión.

- **Prepárate para escuchar a Dios.** "Y cuando lo *oyó Elías, cubrió su rostro con su manto, y salió, y se puso a la puerta de la cueva. Y he aquí vino a él una voz, diciendo: ¿Qué haces aquí, Elías?" 1 Reyes 19:13*

Después de la experiencia que tuvo Elías, pudo escuchar a Dios y salir de la cueva. En los versículos anteriores no dice que salió de la cueva, Dios le dio la orden, mas no dice que haya salido. No es fácil salir de la cueva. Imagínate que la cueva es tu mente con esa depresión; una cueva es oscura, no sabes a lo que te vas a enfrentar dentro de ella; pero cuando Elías salió de ella, pudo mirar la luz. Dice: "y salió y se puso a la puerta de la cueva" por fin decidió hacerlo, salió a la puerta, no hasta afuera, pero podía mirar la luz; cuando alguien experimenta depresión, no quiere mirar luz, solo quiere estar encerrado en sus ideas y pensamientos, no quieren saber de la vida, e incluso algunos quieren morir. Eso le pasó a Elías porque decía: "Jehová quítame la vida".

- **Desahógate las veces que lo necesites.**

   "Él respondió: He sentido un vivo celo por Jehová Dios de los ejércitos; porque los hijos de Israel han dejado tu pacto, han derribado tus altares, y han matado a espada a tus profetas; y sólo yo he quedado, y me buscan para quitarme la vida". 1 Reyes 19:14

La reina Jezabel se había propuesto a acabar con todos los profetas de Jehová, y ya había matado a muchos; y no solo eso, también habían destruido los altares del Dios Todopoderoso; y al derribar los altares, no tenían donde hacer sus sacrificios, y por consecuencia se inclinaron a adorar otros dioses, como a Baal y Asera, de los cuales si había altares. "Porque cuando *Jezabel destruía a los profetas de Jehová, Abdías tomó a cien profetas y los escondió de cincuenta en cincuenta en cuevas, y los sustentó con pan y agua". 1 Reyes 18:4*

Es por eso que Elías le tenía miedo a Jezabel. Porque sabía que también a él lo podía matar; y su aflicción era que ya no iba a ver profetas del Dios altísimo. Cuando el miedo ataca, se olvida uno del poder de Dios, y de todo lo que Él ha hecho en nuestra vida. Y en la mente de Elías solo estaba el miedo, eso lo estaba cegando para mirar la realidad. ¡Dios es real! Elías se estaba olvidando de todo lo que Jehová le permitía hacer por medio de su poder. Siendo él un profeta de Dios, pasó por esto. Quiere decir que nadie estamos exentos de pasar por esto en algún momento, ¡Que el Señor nos ayude!

Si has estado pasando por lo que pasó Elías, te invito a reflexionar en donde te quedaste estancado, o cuando empezó la prueba en tu vida, ¿qué fue lo que te llevó a eso? Habla con Dios y con toda amabilidad hazle la pregunta: _ ¿Con qué propósito vino esto a mi vida?_ La Palabra de Dios dice:

"Fueron mis *lágrimas mi pan de día y de noche, mientras me dicen todos los días: ¿Dónde está tu Dios? Me acuerdo de estas cosas, y derramo mi alma dentro de mí; De cómo yo fui con la multitud, y la conduje hasta la casa de Dios, entre voces de alegría y de alabanza del pueblo en fiesta". Salmo 42:3-4*

Hay recuerdos que te puede llevar a una depresión; al salmista le causó depresión el recordar, como conducía a la multitud a la casa de Dios con voces de alegría y alabanza, cuando tenía sus fiestas el pueblo de Israel.

El pueblo de Israel, fue deportado a Babilonia a causa de su desobediencia a Dios. Dios ya se los había advertido muchas veces por sus profetas, y ellos no obedecieron, y esa fue su consecuencia. Dios permitió que fueran cautivos a Babilonia por mano del rey Nabucodonosor, y les decían los babilónicos: _Canten algo de su tierra, _ pero ellos contestaban: ¿Cómo vamos a cantar si no estamos allá?

"Sobre los sauces en medio de ella colgamos nuestras arpas. 3 Y los que nos habían llevado cautivos nos pedían que cantásemos, y los que nos habían desolado nos pedían alegría, diciendo: cantadnos algunos de los cánticos de Sion. 4 ¿Cómo cantaremos cántico de Jehová en tierra de extraños? 5 Si me olvidare de ti, oh Jerusalén, pierda mi diestra su destreza. 6 Mi lengua se pegue a mi paladar, si de ti no me acordare; si no enalteciere a Jerusalén como preferente asunto de mi alegría". Salmos 137:2-6

Había vergüenza en ellos, se sentían derrotados; aunque algunos fueron esclavos, había otros que tenían dinero y vivían bien; pero el hecho de que te aparten de lo que amas, es una gran tristeza.

- **Dios es real y te va a hablar**

"Y le dijo Jehová: Ve, vuélvete por tu camino, por el desierto de Damasco; y llegarás, y ungirás a Hazael por rey de Siria. 16 A Jehú hijo de Nimsi ungirás por rey sobre Israel; y a Eliseo hijo de Safat, de Abel-mehola, ungirás para que sea profeta en tu lugar". 1 Reyes 19:15-16

Cuando Dios habla con Elías, no lo compadece ni lo apapacha por lo que está pasando, simplemente le dice: Haz lo que te mando, regrésate de nuevo por el desierto; pero le dijo el propósito. Después que Dios le habló, Elías sabía que todo iba a estar bien, lo único que tenía que hacer es enfrentarse nuevamente al desierto, a esa soledad y sequía; pero sabía que si lo atravesaba, la victoria estaría del otro lado.

Dios le mandó que ungiera a dos reyes y un profeta, porque Dios iba a ser venganza por mano de ellos. Iba a ungir dos autoridades y a un siervo de Dios. Dios sabía por lo que estaba pasando Elías, conocía su corazón, sus temores, y aún sus debilidades; ni siquiera le dijo: "Yo estoy contigo, no temas de Jezabel"; nada de eso le dijo Dios a Elías. Solo le dio una respuesta concisa: "Y yo haré que queden en Israel *siete mil, cuyas rodillas no se doblaron ante Baal, y cuyas bocas no lo besaron". 1 Reyes 19:18*

He aquí la respuesta del sufrimiento de Elías, Dios le dio la solución, le dijo lo que hiciera para que el temor que había en su corazón se disipara. Elías sabía que Dios existe, por lo cual, obedeció su mandato; y al obedecer ese mandato, sus temores desaparecieron juntamente con esa depresión. Dios tiene la respuesta precisa para tu vida, búscala, no te rinda a la primera. Dios quiere hablarte.

1. Venganza de Dios por mano de Hazael rey de Siria.

"Y se encendió el furor de Jehová contra Israel, y los entregó en mano de Hazael rey de Siria, y en mano de Ben-adad hijo de Hazael, por largo tiempo" 2 Reyes 13:3

El rey Acab y su malvada esposa Jezabel, se dedicaron a hacer lo malo delante de Jehová de los ejércitos, llevando a todo el pueblo a la idolatría; una de las abominaciones más grandes que Jehová les había mandado que no hicieran. Pero todo esto vino por desobedecer el mandato del Señor, que no se unieran en matrimonio con gente que no sirviera a Jehová, el único Supremo Dios verdadero. Dios los entregó en mano del rey de Siria; el mismo Dios usó a sus enemigos para afligir a su pueblo. Desafortunadamente ellos se lo buscaron, y así fue.

2. Venganza de Dios por mano de Jehú.

"Cuando vio Joram a Jehú, dijo: ¿Hay paz, Jehú? Y él respondió: ¿Qué paz, con las fornicaciones de Jezabel tu madre, y sus muchas hechicerías? 23 Entonces Joram volvió las riendas y huyó, y dijo a Ocozías: ¡Traición, Ocozías! 24 Pero Jehú entesó su arco, e hirió a Joram entre las espaldas;

y la saeta salió por su corazón, y él cayó en su carro. Ver. 27 Viendo esto Ocozías rey de Judá, huyó por el camino de la casa del huerto. Y lo siguió Jehú, diciendo: Herid también a éste en el carro. Y le hirieron a la subida de Gur, junto a Ibleam. Y Ocozías huyó a Meguido, pero murió allí. Ver. 30-33. Vino después Jehú a Jezreel; y cuando Jezabel lo oyó, se pintó los ojos con antimonio, y atavió su cabeza, y se asomó a una ventana. 31 Y cuando entraba Jehú por la puerta, ella dijo: ¿Sucedió bien a Zimri, que mató a su señor? 32 Alzando él entonces su rostro hacia la ventana, dijo: ¿Quién está conmigo? ¿Quién? Y se inclinaron hacia él dos o tres eunucos. 33 Y él les dijo: Echadla abajo. Y ellos la echaron; y parte de su sangre salpicó en la pared, y en los caballos; y él la atropelló". 2 Reyes 9:22-24; 27; 30-33

El rey Jehú fue el vengador de la malvada Jezabel, la mujer por la cual Elías había huido con mucho miedo.

3. Elías unge a Eliseo. *"Partiendo él de allí, halló a Eliseo hijo de Safat, que araba con doce yuntas delante de sí, y él tenía la última. Y pasando Elías por delante de él, echó sobre él su manto". 1 Reyes 19:19*

Elías ya había completado dos mandatos que le hizo Dios; solo faltaba por completar el último, y era ungir a Eliseo; y así fue. Eliseo fue el sucesor de Elías, porque Elías fue llevado vivo al cielo en carros de fuego. Él cumplió su propósito aquí en la tierra, y Dios se lo llevó; pero antes de eso, dejó un legado que hasta el día de hoy se le recuerda.

El sabor de la victoria. Elías estaba muy preocupado, porque él pensaba que solo él había quedado de los profetas y siervos de Jehová; y aparte de eso, que lo perseguían para matarlo. Pero ¿cuál fue la respuesta de Dios para *él? "Y yo haré que queden en Israel siete mil, cuyas rodillas no se doblaron ante Baal, y cuyas bocas no* *lo han besado". 1 Reyes 19:18.* Todavía había mucho pueblo que no se había inclinado delante de Baal; con esto, ya no había razón por la cual Elías estuviera en depresión. Dios había abierto sus ojos para mirar que no estaba solo; que había más gente que no se había contaminado con las abominaciones de la reina Jezabel.

Después de esto, Elías preparó a Eliseo para que él se quedara en su lugar como profeta, porque Elías iba a ser levantado.

"Cuando habían pasado, Elías dijo a Eliseo: Pide lo que quieras que haga por ti, antes que yo sea quitado de ti. Y dijo Eliseo: Te ruego que una doble porción de tu espíritu sea sobre mí. 10 Él le dijo: Cosa difícil has pedido. Si me vieres cuando fuere quitado de ti, te será hecho así; más si no, no. 11 Y aconteció que yendo ellos y hablando, he aquí un carro de fuego con caballos de fuego apartó a los dos; y Elías subió al cielo en un torbellino". 2 Reyes 2:9-11

Eliseo estaba tan impresionado por lo que Dios hacía a través de Elías; lo admiraba tanto, que no solo quería una porción de su espíritu, sino que pidió el doble, y Dios se lo concedió. Eliseo quedó de profeta en lugar de Elías, y esa doble porción la usó para la gloria de Dios.

Elías no obtuvo ese poder de la noche a la mañana, no fue fácil el proceso que pasó. Esa prueba solo fue una de tantas que pasó en su vida; pero pudo pasarla, y Dios le dio la victoria. Él tuvo el tiempo suficiente para enseñar a Eliseo sus experiencias con Dios, y, también mostrarle cómo cada proceso lo llevaba a ser más fuerte, y poderoso en Dios. Elías pasó el proceso, se regresó por el desierto, obedeció a Dios, y obtuvo la victoria. Te invito a que actúes como Elías; para que también obtengas tu victoria.

Capitulo 3

LA GUERRA ES DEL SEÑOR

DERRIBADOS, PERO NO DESTRUIDOS

Que estamos atribulados en todo, mas no angustiados; en apuros, mas no desesperados; perseguidos, mas no desamparados; derribados, pero no destruidos". 2 Corintios 4:8-9

¿Te ha pasado que sientes que ya no puedes más? Es difícil vivir en un hoyo sin salida. La Palabra de Dios dice: "Y me *hizo sacar del pozo de la desesperación, del lodo cenagoso;*

44

Puso mis pies sobre peña, y enderezó mis pasos". Salmo 40:2 La escritura nos muestra, que Dios puede sacarte de ese pozo de la desesperación.

Volviendo al versículo de 2 Corintios 4:8-9 miremos las diferencias entre estas situaciones:

Estamos atribulados en todo, mas no angustiados:

Atribulado. *Según el diccionario Oxford languages, significa: "Pena, disgusto, o aflicción grande".*
Angustiado: *Según el diccionario, (WordRerefence.com), significa: "Temor opresivo sin causa precisa".*

Podemos estar atribulados, con penas o grandes aflicciones, pero no con temor opresivo, y ansiedad. La ansiedad te lleva a un estado de intranquilidad, no puedes dormir; Dios no quiere que pasemos por eso. Si por algún motivo te has sentido así, lee la Biblia, medita en ella, y se quita toda ansiedad. Mire lo que dice: "Se deshace *mi alma de ansiedad; Susténtame según tu palabra". Salmo 119:28*

Dios sustenta a través de su Palabra. La Biblia dice que vamos a tener tribulaciones; es parte de la vida cristiana tener tribulaciones, éstas nos ayudan a crecer espiritualmente. Dice:

"A fin de que nadie se inquiete por estas tribulaciones; porque vosotros mismos sabéis que para esto estamos puestos. 4 Porque también estando con vosotros, os predecíamos que íbamos a pasar tribulaciones, como ha acontecido y sabéis". 1 Tesalonicenses 3:3-4.

Dios, por medio de su Palabra, nos está alertando que vamos a pasar tribulaciones; pero que esa tribulación, no te lleve a la angustia o ansiedad. La Palabra del Señor nos dice claramente:

"Echando toda *vuestra ansiedad sobre Él, porque Él tiene cuidado de vosotros". 1 Pedro 5:7*

Dios, no quiere que tengamos esa ansiedad y preocupación; al contrario, nos dice que la echemos sobre Él; en otras palabras, se la demos a Dios. Él quiere que tengamos paz en medio de la tormenta. Y solo con Jesucristo lo puedes lograr. Todo pasa con un propósito, si Dios le permite pasar por ese proceso, es porque quiere que usted sepa en carne propia lo que se siente, para que de esa manera pueda ayudar a otros a pasar ese mismo proceso. Dios nunca se equivoca; Él es tan perfecto en sus caminos, que todo lo tiene diseñado para cada uno de sus siervos. No se desespere, confíe en Él. Dios no le va a dar algo que usted no pueda resistir; y para poder resistir, es necesario estar en continua comunicación con el Todopoderoso. Cada vez que pasamos una prueba, ya no somos iguales; Dios nos da regalos, como trofeos por haberla pasado. "Hermanos míos, *tened por sumo gozo cuando os halléis en diversas pruebas, 3 sabiendo que la prueba de vuestra fe produce paciencia". Santiago 1:2-3* Algo aprendemos después de cada prueba, ya no somos iguales.

Quiero contar algunos testimonios de hermanos que pasaron por ansiedad.

La hermana Esperanza Vázquez fue una de ellas, he aquí su testimonio:

Paz de Cristo, mi nombre es Esperanza. Hace unos años, yo padecí ansiedad; no sé de qué viene eso; yo no la llamo enfermedad; porque la ansiedad debes tu controlarla poniéndosela a Dios, porque Él tiene cuidado de nosotros. **Echando toda ansiedad sobre Él, porque Él tiene cuidado de vosotros".** 1 Pedro 5:7

Le doy gracias a Dios que me hizo libre de las asechanzas del enemigo. La ansiedad es una desesperación que no puede estar uno quieto. Yo sentía ganas de salir afuera y echarme a correr, pero en ese momento reaccioné y le hablé a una hermana para que orara por mí. Dios me liberó y me sanó. Gracias Señor. Su Palabra dice: **"Clama a mí, y yo te responderé, y te enseñaré cosas grandes y ocultas que tú no conoces"**. Jeremías 33:3 Le doy gracias a Dios, que Él prometió estar conmigo todos los días de mi vida; yo sabía que una Palabra de Él, me podía sanar y me sanó. Solamente está en uno, entregarle todo a Él, porque Él tiene cuidado de nosotros.

Me quiso pasar por segunda vez, pero no le di lugar al enemigo; empecé a clamar a mi Señor, a escribir textos de la Biblia que hablaban como Dios nos ayuda a que vivamos libres de ansiedad, también escuchaba alabanzas con promesa de Dios, que Él está con nosotros. Porque es más poderoso el que está con nosotros, el Señor Jesucristo, Rey de reyes y Señor de señores. Toda la gloria para mi Señor, Aleluya. Yo recitaba y escribía cada uno de estos versículos: **Isaías 41:10-13; Salmo 91; Romanos 8:35; Salmo 50:15; Salmo 123:1-2; Salmo 46:1-2; Josué 1:9; Efesios 6:13; Salmo 73:25-26; Deuteronomio 31:8; Salmo 121; Salmo 118:5-6; Salmo 23; Salmo 27; 2 Timoteo 1:7 y Salmo 40:1.** Estos me ayudaron a tener más confianza en el Señor, porque su Palabra es medicina.

Confía en el Señor, Él no miente. Si su Palabra dice que te sana, créelo; si dice que liberta, créelo. Todo llega a su tiempo, en ocasiones las sanidades son al instante, otras toma tiempo, pero yo te sugiero que esperes en Él, porque su Palabra dice: **"Dios no es hombre, para que mienta, ni hijo de hombre para que se arrepienta. Él dijo, ¿y no hará? Habló, ¿y no lo ejecutará?"** Números 23:19

En apuros, más no desesperados.

Apuro. *Según Diccionario Oxford language Significa: "Situación comprometida que no se sabe resolver o superar, o en la que no se sabe cómo reaccionar o actuar".*

Desesperado, *Según el diccionario Oxford language, significa: "Que no tiene esperanza".*

Podemos estar en apuros, en situaciones que no podemos resolver; pero con esperanza. Porque nuestra esperanza es Cristo Jesús. Tenemos la esperanza que Él nos ayuda. Su Palabra dice: "Alma mía, *en Dios solamente reposa, porque de Él es mi esperanza*". *Salmo 62:5* Pueden venir situaciones adversas en tu vida que no sabes que hacer; pero cuando vienes a la presencia del Señor, Él te da paz y la esperanza que necesitas.

Cuando vienen los problemas duros a la vida del ser humano, y no hay una confianza en el Señor, muchos de ellos se pierden en el alcohol o drogas, porque sienten que la esperanza se les ha terminado. Aún uno como hijo de Dios, si no está bien fundada su fe en Jesús, puede perder la esperanza y sentir que todo está perdido. El Señor Jesucristo tenga misericordia de todos y podamos afianzarnos en el Señor y seguir adelante.

Otro testimonio de la hermana Evangelina Cortez:

Mi nombre es Evangelina. Cuando mi abuela se murió, entré en una tristeza muy profunda, y no la pude sacar; no lloré como tenía que haberlo hecho. Después de allí, me empecé a sentir mal, se me fue el sueño, no tenía hambre; si comía, sentía que la comida me caía mal. En esos días me internaron en el hospital, porque sentía que me moría. Me hicieron análisis, y los resultados salieron bien, solo tenía una colitis nerviosa. Al mes de lo sucedido, murió mi tío; yo lo quería mucho, y no me tocó darle el último adiós; así que se me agregó otra tristeza en el alma. De allí, al siguiente mes de la muerte de mi tío, murió mi abuelito; allí si sentí que todo se me vino abajo; ahora si sentía mucha tristeza, y miedo de pensar quién sería el siguiente.

Empecé a sentir que me faltaba el aire; que si salía sola de la casa, me iba a morir; yo solo me sentía segura en el cuarto de mi mamá; no podía ni mirar a mis hijos, ni cuidarlos, por la tristeza y el miedo que me invadía. Sentía que no me podía subir a un avión para regresar a mi país, porque sentía que algo malo me iba a pasar; lo que hice fue que les hablé a las hermanas de la iglesia para que oraran por mí, y poder regresar; y así fue; gracias a Dios pude regresarme.

Cuando llegué a California, me puse peor, no comía, bajé mucho de peso; sentía algo en la boca del estómago, eso no me dejaba comer. En la garganta sentía como si me ahorcaran, se me aceleraba el corazón y no podía estar en paz; no podía estar entre la gente, porque me agarraba muy feo la ansiedad. En el cumpleaños de mi esposo fueron algunos hermanos de la iglesia a comer a mi casa; pero por un momento, no soporté estar entre ellos; me encerré en mi cuarto, porque sentía que me iba a desmayar. En eso, las hermanas entraron y me miraron en la cama con mis rodillas en mi pecho, y moviéndome de un lado a otro con mucho miedo. Una hermana al entrar me dijo que pudo ver que el diablo me tenía atada; Dios le mostró esa visión, y empezaron a orar por mí; allí empezó el proceso de mi liberación. Empezamos a orar y ayunar por mi situación, y cada vez que oraban por mí, Dios me iba liberando de algo, en ocasiones salía espuma de mi boca. Después de 21 días de cadena de ayuno con las hermanas, Dios me hizo completamente libre de esa opresión.

Yo no quise tomar medicamento para la ansiedad, yo creía que Dios me iba a liberar sin necesidad de eso, y así fue; Dios me hizo libre de la ansiedad y depresión, solo con su poder. Yo lo creí y lo recibí.

Yo soy una prueba, de que Dios sigue haciendo milagros a través de sus hijos. Mi vida cambió completamente después de eso; volví a mi peso regular, y ahora ya puedo comer bien. Gracias a Dios y a las hermanas que Él las mandó para orar por mí. Durante mi proceso, siempre recitaba estos textos: "Todo lo puedo en Cristo que me fortalece". Filipenses 4:13

"Por nada estéis afanosos, sino sean conocidas vuestras peticiones delante de Dios con toda oración y ruego, con acción de gracias. 7 Y la paz de Dios, que sobre pasa todo entendimiento, guardará vuestros corazones y vuestros pensamientos en Cristo Jesús". Filipenses 4:6-7

"Echando toda vuestra ansiedad sobre Él, porque Él tiene cuidado de vosotros". 1 Pedro 5:7 Estos textos me alentaban a seguir adelante, mientras fui libre completamente.

Yo pasé por esto, y pude salir con la ayuda de Dios. Así que si tú estás pasando por algo igual, aférrate a Dios y a sus promesas; Él es el único que te va a quitar lo que tú sientes y te va a sacar de ese pozo de la desesperación. No fue fácil mi proceso; pero Dios me dio la victoria.

Perseguidos, mas no desamparados.

A nadie le gusta ser perseguido, o que lo estén siguiendo para atraparlo; pero aquí la Palabra de Dios dice que podemos ser perseguidos, pero no estamos desamparados. La Palabra de Dios dice: "Dios es nuestro *amparo y fortaleza, nuestro pronto auxilio en las tribulaciones". Salmo 46:1*

Dios nos ampara si confiamos en Él, así que cuando te sientas perseguido por los problemas o circunstancias de la vida, ya sabes a quien acudir. En Dios estamos amparados.

Derribados, pero no destruidos.

Derribar, *según Diccionario Oxford Languages, Significa: "Tirar o hacer caer al suelo a una persona o cosa que está de pie o en un lugar alto, generalmente con fuerza o ímpetu".*

Destruido, *según el diccionario lengua española, significa: "Reducir a pedazos o cenizas algo material u ocasionarle un grave daño".*

En ocasiones, podemos sentirnos derribados, o por los suelos, pero no destruidos; no hechos cenizas. Si estamos agarrados de la mano del Señor, no vamos a ser destruidos; porque el Señor Jesús cuida de sus escogidos. Porque si nos caemos, Él nos levanta. Su Palabra dice: "Cuando el *hombre cayere, no quedará postrado, porque Jehová sostiene su mano". Salmo 37:24*

A muchos, Dios nos ha sacado de la desesperación terrible, donde se siente que ya no se puede más. Algunos se rinden, y hasta se quitan la vida; y se quitan la vida porque se sienten destrozados, y que ya no hay esperanza para ellos; pero la clave de todo, es la Palabra de Dios, allí vas a encontrar la paz, la sanidad de tu alma, descanso interior, vida espiritual y liberación de cadenas espirituales, que atan a las personas por no conocer el propósito en su vida aquí en la tierra.

Cuando entiendes que Dios es el que te ayuda a pelear tus batallas de la vida (si tú se lo permites), vas a vivir de victoria en victoria; pero recuerda, para tener una victoria, hay que haber tenido una lucha. Veamos 2 Crónicas 32 para mirar el poder de Dios a través de estos versículos.

PREPARATE PARA LA BATALLA

2 Crónicas 32:1-8

"Después de estas cosas y de esta fidelidad, vino Senaquerib rey de los asirios e invadió a Judá, y acampó contra las ciudades fortificadas, con la intención de conquistarlas". 2 Crónicas 32:1

Es muy importante estar a la expectativa del enemigo, porque no se sabe por dónde va a atacar ni cuándo; se necesita estar alertas. Vamos a suponer que Senaquerib es el enemigo de nuestras almas, o sea, el diablo, y nosotros somos el pueblo de Judá. ¿Qué haría usted en este caso, si le invaden su territorio en su cuerpo, corazón y mente? Porque allí es donde más se lucha; las luchas espirituales comienzan en la mente. Todo empieza con un pensamiento, pero si estás alerta (el estar alerta es estar en constante oración, leyendo la Palabra de Dios y ayunando), vas a poder distinguir el ataque del enemigo. ¿Qué hizo Ezequías cuando se enteró que estaba siendo invadido? Buscó consejo y fue ayudado.

1. *Pidió consejo.*

"Viendo, pues, Ezequías la venida de Senaquerib, y su intención de combatir a Jerusalén, 3 tuvo consejo con sus príncipes y con sus hombres valientes, para cegar las fuentes de agua que estaban fuera de la ciudad; y ellos le apoyaron". 2 Crónicas 32:2-3

Cuando vengan a nosotros pensamientos contrarios a la Palabra de Dios, hay que pedir consejo; pero no con cualquier persona; busca a alguien que sepas que está en la presencia de Dios constantemente, para que te puedan dar un buen consejo; eso fue lo que hizo Ezequías, él buscó a los príncipes, o sea, hay que buscar sabios en la Palabra de Dios y a los valientes; busquemos fuertes en oración y ayuno, porque por medio de ese consejo vas a saber qué hacer. He aquí el consejo que le dieron y lo que hizo al respecto:

2. Tapar fuentes de agua para evitar que el enemigo se saciara de ella.

"Entonces se reunió mucho pueblo, y cegaron todas las fuentes, y el arroyo que corría a través del territorio, diciendo: ¿Por qué han de hallar los reyes de Asiria muchas aguas cuando vengan?" 2 Crónicas 32:4

El pueblo de Judá se dedicó a tapar lugares de agua, para que el enemigo no se saciara y también para evitar que las mismas fueran contaminadas; aun el arroyo que corría por el territorio fue cegado. Necesitaban estar listos para la batalla si el enemigo se acercaba.

Hay cosas en nuestra vida, que van a ser necesarias tapar o cegar, para evitar que el enemigo nos invada. El agua era necesaria para el pueblo de Judá, como para el enemigo; pero decidieron sacrificarse con eso. Tal vez por un tiempo no se iban a ir de día de campo al río y disfrutarlo, o darse el lujo de tirar agua; ahora Judá solo contaba con el agua que había dentro de la ciudad, y nada más. ¿Hay alguna cosa que necesitas sacrificar para prepararte para la batalla? En la oración y el ayuno hay sacrificio; se abstiene de alimentos y le dedica un tiempo al Señor en oración; eso te prepara para una batalla espiritual. Si necesitas cerrar alguna puerta que le abriste al enemigo, es tiempo de hacerlo; te invito a que reflexiones en esto; el enemigo tira a matar, él no está jugando con nuestras almas.

"La estrategia de un sitio requería cortar o envenenar el abastecimiento de agua; por tanto, Ezequías tomó medidas para proteger el abastecimiento del agua. El túnel de Ezequías, que existe aún hoy en Jerusalén, es evidencia de esos esfuerzos".[17]

3. Edificó los muros caídos y alzó torres.

"Después con ánimo resuelto edificó Ezequías todos los muros caídos, e hizo alzar las torres, y otro muro por fuera; fortificó además a Milo en la ciudad de David, y también hizo muchas espadas y escudos". 2 Crónicas 32:5

Necesitamos escudriñarnos; si hay muros caídos en nuestra vida espiritual, hay que edificarlos nuevamente; el pecado destruye; por tanto si hay pecados en nuestra vida que no nos hayamos arrepentido, o confesado, significa que hay muros caídos en nuestra vida espiritual. La Palabra de Dios nos dice: *"Si confesamos nuestros pecados, Él es fiel y justo para perdonar nuestros pecados, y limpiarnos de toda maldad". 1 Juan 1:9*

Así que medite en su vida, pídale a Jesús que le muestre si hay algún pecado oculto en usted, que aún no se lo ha confesado; y si resulta que sí, pídale perdón a Dios por eso, y siga adelante, y esos muros caídos en su vida espiritual, serán edificados nuevamente.

Las torres sirven para mirar de lejos, por lo regular una torre es alta, sirve para que el centinela esté a la vanguardia de la ciudad,

---

[17] Comentario de Biblia de las Américas 1986, 1995, 1997 por Lockman Foundation pág. 612

y mantenernos al tanto de lo que pasa a lo lejos. La Palabra de Dios dice: "Porque tú has *sido mi refugio, y torre fuerte delante del enemigo". Salmo 61:3 El Señor nos guarda, Él es nuestra torre fuerte.*

4. Otro muro por fuera.

(Ver. 5) Es bueno estar bien protegido; porque si edificamos doble protección en nuestra vida... los ataques del enemigo no podrán penetrar tan fácilmente a nuestro territorio. La protección del Espíritu Santo es la que nos protege de todo mal, y nos dirige a toda verdad.

5. Fortificó a Milo.

(Ver. 5) Milo era otra fortaleza, la cual había edificado David y Salomón, *"La causa por la cual éste alzó su mano contra el rey fue ésta: Salomón, edificando a Milo, cerró el portillo de la ciudad de David su padre". 1 Reyes 11:27* Cuando uno cierra portillos, es más difícil que el enemigo se infiltre por allí; y pasa lo mismo en lo espiritual; entre más protegidos estemos espiritualmente, menos dardos del maligno llegaran a nuestras vidas; habrá menos deseos de pecar, aunque la tentación esté siempre a nuestro alrededor.

6. Hizo muchas espadas y escudos.

(Ver. 5) Es importante prepararse para la batalla, aunque piense uno que ya está protegido. El enemigo es astuto (El Señor Jesucristo lo reprenda), así que necesitamos estar alertas. La Palabra de Dios dice:

"Sobre todo, tomad el escudo de la fe, con que podáis apagar todos los dardos de fuego del maligno. 17 Y tomad el yelmo de la salvación, y la espada del Espíritu, que es la palabra de Dios". Efesios 6:16-17

La Palabra del Señor, nos muestra que la fe es nuestro escudo; con ese escudo vamos a apagar los dardos del maligno, ¿de qué manera? Creyendo en la Palabra de Dios y sus promesas. Dios ha prometido que siempre estará con nosotros, solo nos toca creer. La espada, es la Palabra de Dios; los dos hacen un complemento; un equipo; mire lo que dice: *"Así que la fe es por el oír, y el oír, por la palabra de Dios"*. *Romanos 10:17*

7. Puso capitanes de guerra.

"Y puso capitanes de guerra sobre el pueblo, y los hizo reunir en la plaza de la puerta de la ciudad, y habló al corazón de ellos". *2 Crónicas 32:6 Es importante orar unos por otros*, de esta manera, sabemos, que no estamos solos en la preparación para una batalla; que en realidad es constante. El enemigo de nuestras almas no descansa. La Palabra de Dios dice: "Sed sobrios, y velad; *porque vuestro adversario el diablo, como león rugiente, anda alrededor buscando a quien devorar"*. *1 Pedro 5:8* Es fundamental que le pida a alguien que ore por usted, y usted por el hermano o hermana, esos son capitanes de guerra espirituales.

8. Los hizo reunir en la plaza de la puerta de la ciudad:

(Ver. 6) Es fundamental reunirnos en un lugar (templo, edificio, local) para saber que hay más personas que piensan como uno, que no somos los únicos. En lo espiritual es fundamental reunirse en un edificio donde todos unidos como iglesia, alabemos juntos a Dios. Allí sabremos que no estamos solos y todos juntos tomamos ánimo.

9. El rey Ezequías habló al corazón de ellos.

"Esforzaos y animaos; no temáis, ni tengáis miedo del rey de Asiria, ni de toda la multitud que con él viene; porque más hay con nosotros que con él. 8 Con él está el brazo de carne, mas con nosotros está Jehová nuestro Dios para ayudarnos y pelear nuestras batallas. Y el pueblo tuvo confianza en las palabras de Ezequías rey de Judá". *2 Crónicas 32 7-8*

Cuando uno se reúne, es para un propósito; el propósito del rey era darles ánimo y valor al pueblo delante del enemigo. De igual manera, cuando nos congregamos, el predicador se encarga (por medio de la Palabra de Dios) a alentarnos, y animándonos para la batalla espiritual que día a día se nos presenta. Allí vamos a cobrar ánimo, y fortalecer nuestra alma y espíritu para seguir adelante, sin importar que pruebas o luchas estemos pasando. Dios es más poderoso que cualquier problema, solo tenemos que creer que lo puede hacer.

Cuando terminó de hablar el rey Ezequías, el pueblo tuvo confianza. De la misma manera cuando uno va a alabar a Dios y recibir su Palabra, uno sale confiado de ese lugar de reunión; con confianza que Dios está con nosotros.

EL ATAQUE DEL ENEMIGO

Los asirios, eran hombres que no se tentaban el corazón para hacer el mal, eran hombres sanguinarios. Senaquerib usó varias estrategias para que el pueblo de Judá se rindiera. Vamos a mirar algunas de ellas:

1. Destruir su fe.

"Después de esto, Senaquerib rey de los asirios, mientras sitiaba a Laquis con todas sus fuerzas, envió sus siervos a Jerusalén para decir a Ezequías rey de Judá, y a todos los de Judá que estaban en Jerusalén: 10 Así ha dicho Senaquerib rey de los asirios: ¿En quién confiáis vosotros, al resistir el sitio en Jerusalén? 11 ¿No os engaña Ezequías para entregaros a muerte, a hambre y a sed, al decir: Jehová nuestro Dios nos librará de la mano del rey de Asiria? 12 ¿No es Ezequías el mismo que ha quitado sus lugares altos y sus altares, y ha dicho a Judá y a Jerusalén: Delante de este solo altar adoraréis, y sobre él quemaréis incienso? 13 ¿No habéis sabido lo que yo y mis padres hemos hecho a

todos los pueblos de la tierra? ¿Pudieron los dioses de las naciones de esas tierras librar su tierra de mi mano? 14 ¿Qué dios hubo de entre todos los dioses de aquellas naciones que destruyeron mis padres, que pudiese salvar a su pueblo de mis manos? ¿Cómo podrá vuestro Dios libraros de mi mano? 15 Ahora, pues, no os engañe Ezequías, ni os persuada de ese modo, ni le creáis; que si ningún dios de todas aquellas naciones y reinos pudo librar a su pueblo de mis manos, y de las manos de mis padres, ¿cuánto menos vuestro Dios os podrá librar de mi mano? 16 Y otras cosas más hablaron sus siervos contra Jehová Dios, y contra su siervo Ezequías". 2 Crónicas 32:9-16.

El enemigo, lo primero que quiere, es confundir tu mente, persuadiendo a dudar de tu fe. Ezequías había quitado todo lugar alto y sus altares de los dioses paganos, (porque hubo tiempos en que el pueblo de Israel se volvió a adorar a los dioses de los otros pueblos). A consecuencia de eso, el pueblo de Israel se dividió después de la muerte de Salomón, rey de Israel. Diez tribus fueron entregadas a Jeroboam, y una tribu le fue quedada a Roboam, hijo de Salomón, y esto pasó por desviarse del camino de Jehová, y por mezclarse el rey con mujeres paganas que lo llevaron a la idolatría. Dice la Palabra de Dios:

"Y dijo a Jeroboam: Toma para ti los diez pedazos; porque así dijo Jehová Dios de Israel: He aquí que yo rompo el reino de la mano de Salomón, y a ti te daré diez tribus; 32 y él tendrá una tribu por amor a David mi siervo, y por amor a Jerusalén, ciudad que yo he elegido de todas las tribus de Israel; 33 por cuanto me han dejado, y han adorado a Astoret diosa de los sidonios, a Quemos dios de Moab, y a Moloc dios de los hijos de Amón; y no han andado en mis caminos para hacer lo recto delante de mis ojos, y mis estatutos y mis decretos, como hizo David su padre". 1 Reyes 11:31-33

Y como Senaquerib era un idolatra, él sentía que ya no había dios que defendiera al pueblo de Judá, porque él creía en dioses con "d" minúscula. El Dios que el pueblo de Judá adoraba, es el Dios con "D" mayúscula, el único Dios verdadero, Jehová de los ejércitos. Todos los pueblos paganos tenían muchos dioses, y se asombraban que el pueblo de Judá solo adoraba a un solo Dios (El verdadero). El apóstol Juan nos dice:

"Pero sabemos que el Hijo de Dios ha venido, y nos ha dado entendimiento para conocer al que es verdadero; y estamos en el verdadero, en su Hijo Jesucristo. Éste es el verdadero Dios, y la vida eterna". 1 Juan 5:20

2. Escribió cartas blasfemando a Jehová de los ejércitos.

"Además de esto escribió cartas en que blasfemaba contra Jehová el Dios de Israel, y hablaba contra Él, diciendo: Como los dioses de las naciones de los países no pudieron librar a su pueblo de mis manos, tampoco el Dios de Ezequías librará al suyo de mis manos". 2 Crónicas 32:17

La estrategia que los asirios usaban para conquistar a sus enemigos era atemorizar, injuriando a los dioses del enemigo. En este caso blasfemaban en contra de Jehová de los ejércitos, el único Dios verdadero, era una burla constante. ¿Ha venido el enemigo a burlarse de usted usando personas en las cuales usted confiaba? El enemigo, a lo único que ha venido es a destruir. Cuando uno le es fiel al Señor, y trata de agradarle y obedecerle (hablando espiritualmente), el enemigo se da cuenta que usted está dejando sus caminos por los cuales antes caminaba. Mire, Ezequías empezó a tener ataques del enemigo cuando decidió:

A) Restablecer el culto del templo.

Porque en ese tiempo las puertas del templo estaban cerradas, y hasta tuvieron que repararlas.

"En el primer año de su reinado, en el mes primero, abrió las puertas de la casa de Jehová, y las reparó. 4 E hizo venir a los sacerdotes y levitas, y los reunió en la plaza oriental". 2 Crónicas 29:3-4

En ese tiempo, el rey mandó preparar todo para que se volviera a hacer el culto a Jehová en el templo, los sacerdotes limpiaron el templo de toda inmundicia, y todos ellos se santificaron para poder volver a su función en el templo. (2 Crónicas 29)

B) Celebrar la Pascua.

Hubo tanto regocijo, que desde el tiempo del rey Salomón, no se había celebrado la Pascua (2 Crónicas 30).

"Envió después Ezequías por todo Israel y Judá, y escribió cartas a Efraín y Manases, para que viniesen a Jerusalén a la casa de Jehová para celebrar la pascua a Jehová Dios de Israel". 2 Crónicas 30:1

También derribaron las estatuas, destruyeron las imágenes de Asera, derribaron los lugares altos, los altares por todo Judá y Benjamín. La Palabra de Dios dice:

"Hechas todas estas cosas, todos los de Israel que habían estado allí salieron por las ciudades de Judá, y quebraron las estatuas y destruyeron las imágenes de Asera, y derribaron los lugares altos y los altares por todo Judá y Benjamín, y también en Efraín y Manases, hasta acabarlo todo. Después se volvieron todos los hijos de Israel a sus ciudades, cada uno a su posesión". 2 Crónicas 31:1

C) Reorganizar el servicio de los sacerdotes y levitas.

"Entonces sacrificaron la pascua, a los catorce días del mes segundo; y los sacerdotes y los levitas llenos de vergüenza se

santificaron, y trajeron los holocaustos a la casa de Jehová".
2 Crónicas 30:15.

Desde la muerte de Salomón, se hizo un desorden en todos los sacrificios y servicios para Jehová; así que los sacerdotes y levitas no se santificaban, porque no había sacrificios.

No le extrañe, que va a ser atacado cuando usted decida hacer un cambio en su vida espiritual. Pero recuerde, Dios está con usted; agárrese de las promesas del Señor que están en la Biblia; y usted va a salir vencedor de cualquier ataque o artimaña que el enemigo maquine en contra de usted. Volvamos a las artimañas del enemigo:

3. <u>Espantarles y atemorizarles, a fin de poder tomar la ciudad.</u>

"Y clamaron a gran voz en judaico al pueblo de Jerusalén que estaba sobre los muros, para espantarles y atemorizarles, a fin de poder tomar la ciudad. 19 Y hablaron contra el Dios de Jerusalén, como contra los dioses de los pueblos de la tierra, que son obra de manos de hombres". 2 Crónicas 32:18-19

El enemigo siempre quiere traer miedo a nuestras vidas, de esa manera, uno se vuelve vulnerable al atacante. Así pasa con el enemigo de nuestras almas (el diablo); también busca atacar espantando y atemorizando con ataques de pánico, depresión, ansiedad, etc., hasta tomar posesión de nuestra mente.

El diablo odia al ser humano; porque sabe que mientras tenga vida, tiene esperanza para arrepentirse; por lo contrario, el diablo ya está condenado, él ya no tiene esperanza de salvación; por eso siempre ha tenido guerra contra la humanidad, porque quiere llevarse las más almas que pueda con él al infierno; así que recuerda, es más poderoso el que está con nosotros, que el que está en el mundo. La Palabra de Dios dice: *"¿Qué, pues, diremos a esto? Si*

Dios es por nosotros, ¿Quién contra nosotros?" Romanos 8:31 Dios, es el Todopoderoso, es en quién debemos confiar.

Las estrategias de los asirios eran:

a) Desenfocar, de manera que perdieran su fe.
b) Humillar con toda clase de mentiras diciendo que ellos son los únicos que ganan batallas.
c) Atemorizar con gritos y blasfemias.

Y ¿qué cree? Eso es lo mismo que hace el enemigo de nuestras almas con la humanidad; pero de nosotros depende dejarlo, o estar firmes y confiar en el Señor. La Biblia dice: "El ladrón *no viene sino para hurtar y matar y destruir; yo he venido para que tengan vida, y para que la tengan en abundancia". Juan10:10* Es un contraste sobre lo que ha venido cada uno. Usted ¿A quién prefiere?

TENEMOS LA VICTORIA EN CRISTO

"Mas el rey Ezequías y el profeta Isaías hijo de Amoz oraron por esto, y clamaron al cielo". 2 Crónicas 32:20 La Palabra de Dios nos dice: "Otra vez os *digo, que si dos de vosotros se pusieren de acuerdo en la tierra acerca de cualquiera cosa que pidieren, les será hecho por mi Padre que está en los cielos". Mateo 18:19*

El rey Ezequías y el profeta Isaías, se pusieron de acuerdo para clamar al Señor con respecto al ataque del enemigo, pidiendo a Dios misericordia. Cuando uno se humilla ante el Señor, Él responde. Mire lo que dice la Palabra de Dios: "Humillaos, pues, *bajo la poderosa mano de Dios, para que Él os exalte cuando fuere tiempo". 1 Pedro 5:6*

Así que, le recomiendo que cuando vengan esos ataques espirituales a su vida, busque alguien que le ayude a clamar; un profeta, o sea, un hombre o mujer de Dios, que le pueda ayudar en oración. No busque cualquier persona, porque hay personas o hermanos que en vez de ayudarle, le pueden perjudicar hablando mal con otras personas de lo que usted esté pasando. Cuando lo encuentre, juntos clamen al Señor, y el Señor les va a responder. Mire lo que hizo el Señor después de que clamaron Ezequías y el profeta Isaías:

"Y Jehová envió un ángel, el cual destruyó a todo valiente y esforzado, y a los jefes y capitanes en el campamento del rey de Asiria. Éste se volvió, por tanto, avergonzado a su tierra; y entrando en el templo de su dios, allí lo mataron a espada sus propios hijos". 2 Crónicas 32:21

El Señor Todopoderoso, es justo con los que le sirven y le claman por justicia; pobre rey de Asiria, tuvo que regresar a su tierra todo avergonzado, porque no logró su cometido en contra del pueblo de Judá, al mirar todo su ejército muerto; los más valientes, capitanes y sus jefes, todos ellos fueron muertos por el ángel que el Señor mandó. Dios te va a dar la victoria, y Él llega a tiempo, nosotros somos los que nos desesperamos; pero espera en el Señor, Él nunca llega tarde. El rey Ezequías no tuvo que usar sus fuerzas para pelear en contra del rey de Asiria; solo tuvo que clamar al Todopoderoso y creer en Él. Su propia familia del rey asirio hizo venganza a favor del pueblo de Judá, porque sus propios hijos lo mataron en el templo de su dios.

Tanto que el rey Senaquerib se jactaba con sus dioses, que no había mejores dioses que los de él; pero mire, no lo pudieron salvar. La Palabra de Dios dice:

"No habrá para qué peleéis vosotros en este caso; paraos, estad quietos, y ved la salvación de Jehová con vosotros. Oh Judá y Jerusalén, no temáis ni desmayéis; salid mañana contra ellos, porque Jehová estará con vosotros". 2 Crónicas 20:17

Déjeme decirle, el Señor Jesucristo pelea por nosotros cuando confiamos en Él, y le clamamos por ayuda. La Palabra de Dios dice: "Así salvó Jehová *a Ezequías y a los moradores de Jerusalén de las manos de Senaquerib rey de Asiria, y de las manos de todos; y les dio reposo por todos lados". 2 Crónicas 32:22*

El Señor salvó al pueblo de Judá de sus opresores por algún tiempo, y en ese tiempo, le dio reposo por todas sus fronteras. Después de una victoria, Dios les daba paz; pero después de un tiempo, se olvidaban de lo que el Señor Todopoderoso había hecho en sus vidas, y volvían a caer en idolatría y pecado; y por consecuencia, el Señor los volvía a amonestar permitiendo que otros pueblos se enseñorearan de ellos.

También, así nos pasa a nosotros como hijos de Dios, tenemos la victoria, y como que bajamos la guardia; y en ese momento el enemigo se quiere aprovechar de nosotros; pero en realidad no debemos bajar la guardia, necesitamos seguir preparándonos cada día y no esperar tener otro ataque o lucha para empezar a clamar al Señor nuevamente.

CAPITULO 4

SANIDAD INTERIOR

"Se llenó de amargura mi alma,
Y en mi corazón sentía punzadas". Salmo 73:21.

Amargura: *"Sentimiento duradero de frustración, resentimiento o tristeza, especialmente por haber sufrido una desilusión o una injusticia". (Diccionario Oxford Languages)*

Hay sentimientos que solo duran algunas horas, minutos, o unos cuantos días; luego llega el momento de hablar, y se arreglan. ¡Quien

64

fuera como los niños! ellos se pelean con otros niños, y al poco rato andan como si nada hubiera pasado.

¿Qué le pasó al adulto? ¿Acaso ya no puede perdonar tan fácil? Conforme un niño va creciendo, también sus problemas crecen.

Esto lo miramos en la vida de los hijos de Jacob en: Génesis 37. Jacob tenía doce hijos; pero tenía preferencia por José, uno de los más pequeños que había tenido en su vejez con Raquel, la mujer que amaba, al cual le hizo una túnica de colores, la cual no la habían tenido el resto de sus hijos.

José era el encargado de informar a su padre como iba todo con el rebaño; algo que a sus hermanos no les gustaba en absoluto. Eso causó resentimiento en sus hermanos para con José, tanto que llegaron a aborrecerlo; y peor aún, deshacerse de él.

Para ellos, José era un peligro, él les quitó la atención de su padre (aunque cada hermano de José había decepcionado a su padre en el pasado), por consecuencia vino resentimiento a sus vidas. Eso causó que vendieran a José y mentirle a su padre que una bestia salvaje lo había matado. Eso causó mucho dolor y amargura en la vida de su padre Jacob, amargura en sus hermanos, y en José por ser vendido.

Como lo dice el diccionario, la amargura es un sentimiento duradero; entre más pasa el tiempo con ese sentimiento, ya sea falta de perdón, una injusticia, etc., más se va arraigando en el corazón. Vamos a estar considerando experiencias del por qué la amargura, y como salir de ella.

AMARGURA POR ENVIDIA

Envidia: *Según el diccionario Oxford languages, es: "Sentimiento de tristeza o enojo que experimenta la persona que no tiene o desearía tener para sí sola algo que otra posee. Deseo de hacer o tener lo que otra persona tiene".*

"Ciertamente es bueno Dios para con Israel, para con los limpios de corazón. 2 En cuanto a mí, casi se deslizaron mis pies; por poco resbalaron mis pasos". Salmo 73:1.

El salmista está reconociendo a Dios que es bueno, él conocía a Dios. Este salmo fue escrito por Asaf. Él era el encargado de la alabanza en el tabernáculo. Estaba muy cerca de la presencia de Dios. "De los hijos *de Asaf: Zacur, Jose, Netanias y Asarela, hijos de Asaf, bajo la dirección de Asaf, cual profetizaba bajo las órdenes del rey". 1 Crónicas 25:2*

"Hijos de Asaf o Benei Asaf, que eran levitas dedicados exclusivamente a la alabanza y adoración, teniendo además la responsabilidad de tocar los instrumentos musicales".[18]

¿Qué quiere decir esto? No importa que título o posición tengas en la iglesia, o en cualquier área donde trabajes; a cualquiera le puede llegar "la amargura por envidia", si uno se desenfoca de su propósito, o de su llamado. Él declara que por poco se deslizaron sus pues, por poco resbalaron sus pasos, y en los versículos siguientes expresa el porqué:

"Porque tuve envidia de los arrogantes, viendo la prosperidad de los impíos. 4 Porque no tienen congojas por su muerte, pues su vigor está entero. 5 No pasan trabajos como los otros mortales, ni son azotados como los demás hombres. 6 Por tanto, la soberbia los corona; se cubren de vestido de violencia. 7 Los ojos se les saltan de gordura; logran con creces los antojos del corazón. 8 Se mofan y hablan con maldad de hacer violencia; hablan con altanería. 9 Ponen su boca contra el cielo, y su lengua pasea la tierra. 10 Por eso Dios hará volver a su pueblo aquí, y aguas en abundancia serán extraídas para ellos. 11 Y dicen: ¿Cómo sabe Dios? ¿Y hay conocimiento en el Altísimo? 12 He aquí estos impíos, sin ser turbados del

---

[18] Libro Real sacerdocio y el glorioso santuario de Dios, por Dr. David Dimond. Ed. edigraf pág. 155

mundo, alcanzaron riquezas. 13 Verdaderamente en vano he limpiado mi corazón, y lavado mis manos en inocencia; 14 Pues he sido azotado todo el día, y castigado todas las mañanas. 15 Si dijera yo: Hablaré como ellos, he aquí, a la generación de tus hijos engañaría. 16 Cuando pensé para saber esto, fue duro trabajo para mí". Salmo 73:3-16

"Aunque todo el mundo la experimenta en diferentes momentos de su vida, la envidia tiene muy mala reputación. "Es considerada una de las emociones más negativas. Resulta casi un insulto decirle a alguien que es envidioso o que una persona se declare como tal, porque nuestra conciencia moral nos impide reconocernos de esta forma", escribió Virginia Urrutia, psicoanalista y docente de la Universidad de Santiago de Chile (USACH). Por lo visto, "hay un desconocimiento, ya que la envidia no es un defecto de algunos, sino una emoción universal, que se manifiesta espontáneamente en ciertas situaciones. Por otro lado, según Albana Paganini, académica y directora de la Clínica, Psicológica de la Universidad Diego Portales (UDP). "Puede ser un problema si la persona se siente frustrada y no puede desarrollar su vida, se siente tomada por esa amargura".[19]

El salmista declara tener envidia por toda la gente mala (un sentimiento de enojo), él miraba como la mayoría de la gente que él conocía, era prosperada haciendo el mal; lo que deseaba esa gente lo tenía; y a causa de eso, vino envidia a la vida de Asaf. Él se estaba quejando de todo lo que pasaba. En realidad, cuando uno no está de acuerdo con algún asunto, lo primero que hace es quejarse. Probablemente Asaf no estaba en una buena posición en ese tiempo cuando escribió ese salmo. El sentía que era en vano guardar los mandamientos de Dios, porque a él le estaba yendo mal, y a los otros... siendo malos, les iba bien. Asaf no declara abiertamente, que Dios, para él, estaba siendo injusto; pero su quejar lo demostraba.

[19] https://fundacionbeca.net/la-envidia-emosion-negativa/

Los levitas, en sí, no habían recibido posesión de tierras, cuando Josué hizo la repartición, ellos tenían que vivir de los diezmos y ofrendas del pueblo.

"Y Jehová dijo a Aarón: De la tierra de ellos no tendrás heredad, ni entre ellos tendrás parte. Yo soy tu parte y tu heredad en medio de los hijos de Israel. 21 Y he aquí yo he dado a los hijos de Levi todos los diezmos en Israel por heredad, por su ministerio, por cuanto ellos sirven en el ministerio del tabernáculo de reunión". Números 18:20-21

Jehová era la heredad de ellos, su trabajo era ministrar el templo, y Dios iba a suplir todas sus necesidades; y ellos sabían muy bien todo eso; pero Asaf, al mirar injusticia en el pueblo, quiere revelarse. Pero llega el momento donde Dios habla al ser humano y le contesta su queja. Miremos los versículos siguientes:

"Hasta que entrando *en el santuario de Dios, comprendí el fin de ellos. 18 Ciertamente los has puesto en deslizaderos; en asolamientos los harás caer. 19 ¡Cómo han sido asolados de repente! perecieron, se consumieron de terrores. 20 Como sueño del que despierta, así, Señor, cuando despertares, menospreciarás su apariencia". Salmo 73:17-20*

Cuando el ser humano vuelve a Dios, es cuando se da cuenta de su falla. Asaf creía que Dios era injusto, por lo tanto, su alma se llenó de amargura; porque según su criterio, Dios no estaba haciendo justicia con ellos; pero, se dio cuenta, que Dios, a cada uno da el pago conforme a sus hechos. Asaf se empezó a dar cuenta, que los que por mucho tiempo habían obrado mal, empezaron a tener su pago; el empezó a mirar cómo se iban deslizando y destruyendo uno por uno.

Todos tenemos nuestro pago de parte de Dios, ya sea bueno o malo, eso depende que vida llevemos, todo se paga en esta vida tarde o temprano. "No te impacientes *a causa de los malignos, ni*

68

tengas envidia de los que hacen iniquidad. Porque como hierba serán pronto cortados, y, como la hierba verde; se secarán". Salmo 37:1-2

Dios es justo con todos. Así que, si miras esta injusticia a tu alrededor, Dios no tarda en socorrerte y mirar la paga de los malvados. Recuerda, la venganza no es buena delante del Señor, la gente que prospera por causa de engaños, mentiras, o maldades, tarde o temprano recibirá su recompensa, y no va a ser buena; porque, así como uno obra, así tiene su recompensa. "Porque *con el juicio con que juzgáis, seréis juzgados, y con la medida con que medís, os será medido". Mateo 7:2* Si le deja la venganza a Dios, se le va a quitar el deseo de desearle mal a esa persona. Perdone, y verá como usted es liberado de la pena y amargura que le estaba consumiendo la envidia. La Palabra del Señor dice: "No os *venguéis vosotros mismos, amados míos, sino dejad lugar a la ira de Dios; porque escrito está: Mía es la venganza, yo pagaré, dice el Señor". Romanos 12:19*

"La falta de perdón hacia los demás es uno de los pecados que lo torturan a uno mismo. Es posible que te sientas bien por algún tiempo, pero pronto comenzará a destruirte. No te permitas hacerlo. En lugar de eso, obedece a Dios al perdonar a la gente. Dale la oportunidad de cambiar y de ser distintos de lo que eran. Eso no quiere decir que te colocas para que te vuelvan a lastimar. Significa que los dejas en las manos de Dios y que tú sigues adelante con tu vida. Cuando perdonas a alguien, obtienes mayor libertad, plenitud y verdadero éxito. Eso se debe a que cuando perdonas, te sumerges en el rio de la vida, donde te refrescas y eres limpio. Cuando perdonas, llegas a ser más semejante al Senor".[20]

**"Se llenó de amargura mi alma,
Y en mi corazón sentía punzadas". Salmo 73:21**

---

[20] El poder de una vida de oración por Stormie Omartian, Ed. Unilit pág. 101

"Algunos de los síntomas de una persona amargada se pueden reflejar en su área física como en el área emocional o espiritual. **Síntomas físicos** pueden ser: Presión arterial alta, desordenes estomacales, problemas intestinales, insomnio, enfermedades cardiacas. **Síntomas emocionales**: Inseguridad, ansiedad, preocupación, depresión, temor. **Síntomas espirituales**: Perdida de la visión de la vida, perdida del propósito, perdida de la fe. Recuerda que la amargura es la suma de heridas, rechazos, resentimientos, frustraciones, iras y dolor. Recomendaciones para manejar la amargura: Determinar la causa principal de la amargura, perdonar y perdonarse, entregar a Dios los deseos de venganza, renunciar a los derechos de seguir aferrándose a las heridas pasadas, hablar del enojo con Dios y con un consejero, considerar los intereses de otros, hablar y actuar con humildad. Se debe tener presente que la amargura procede del modo de pensar e interpretar las situaciones. Por tanto se deben de observar los pensamientos y detectar cuando están fomentando amargura. Luego se les debe modificar por pensamientos positivos y constructivos".[21]

Cuando hay amargura, frecuentemente se está pensando en ese asunto; por lo cual, el pensar tanto en cosas negativas, dañan la mente; el cuerpo se pone tenso, los músculos se contraen y hasta llega a sentir punzadas en el corazón. En el corazón es a donde se van todos esos rencores que solo dañan. Si está pasando por esto, entrégueselo al Señor, Él es experto en sanar esas heridas.

La escritora Nancy Leigh DeMoss dice, en su libro El perdón:

"¿Qué son los atormentadores? Pueden ser varias cosas. Creo que muchos desordenes emocionales, gastrointestinales,

---

[21] www.galenusrevista.com/?el-sindrome-de-la-amargura

cardiacos y musculares así como la depresión tienen su raíz en el resentimiento y en la renuncia a perdonar".[22]

¿Se burla alguien de usted, y usted no puede hacer nada? Hay esperanza en Jesús. El Señor es experto en hacer venganza para con los justos. La Palabra de Dios dice: "Todos mis *huesos dirán: Jehová, ¿quién como tú, que libras al afligido del más fuerte que él, y al pobre y menesteroso del que le despoja?" Salmos 35:10*

"Tan torpe era yo, que no entendía; era como una bestia delante de ti". Salma 73:22

Cuando una persona está encerrada en su amargura, muchas veces no entienden razones, y están siempre a la defensiva. Dice el salmista: "era como una bestia delante de ti". El resentimiento no deja ver más allá, siega las salidas, una bestia no entiende, solo quiere rugir y hacer daño a quien se le atraviese; es duro que el salmista se compare a una bestia, pero hasta que reconoció su pecado, Dios abrió sus ojos y pudo mirar la situación en la que se encontraba. La amargura no deja mirar, siega los ojos espirituales, y aún los corporales. En mi caminar en el Señor, me ha tocado mirar a ciertas personas actuar así. Es triste, porque no los puede uno sacar de su razón. Cualquier cosita muy pequeña puede hacer una explosión. De primero quería enfrentarlos, en otras palabras hacerles saber su error; pero era peor, porque me comportaba como ellos. Después, empecé a conocer acerca de este tema y cambió mi perspectiva hacia ellos y hacia mí. Necesitamos tener cuidado con eso, porque a cualquiera nos puede pasar. Es mejor encomendarlos al Señor, y el Señor les rebele su situación; y a nosotros nos libre de caer en eso. El Señor Jesús tenga misericordia de todos nosotros.

"Con todo, yo siempre estuve contigo; me tomaste de la mano derecha. 24 Me has guiado según tu consejo, y después me recibirás en gloria". Salmo 24-73:23

---

[22] La Gratitud/El perdón por Nancy Leigh DeMoss, Ed. Portavoz pág. 67

71

¿COMO ME PUEDO DESHACER DE LA AMARGURA POR LA ENVIDA?

1. RECONOCIENDO. El salmista reconoce que siempre estuvo con Dios, y Dios lo cuidaba. Hay procesos que uno pasa, en los cuales va a estar orando, leyendo la Biblia, incluso ayunando, y la envidia va a venir a tocar nuestra puerta, y si la dejamos entrar, nos puede pasar como le paso al salmista Asaf. Hasta que reconoció su pecado, se dio cuenta de la amargura que estaba guardando en su corazón; él lo describe: "hasta que entrando en el santuario de Dios", cuando entró en la presencia del Señor, fue que se dio cuenta de su mal. En ocasiones en el camino del Señor, trabajamos mucho, pero nos olvidamos de estar en su presencia, cuando uno trabaja para el Señor, y no tiene comunicación con el Todopoderoso, es como si está trabajando para cualquier otro individuo, y Dios no se agrada de eso. Es imperativo tener una comunicación con el Todopoderoso, porque uno trabaja para Él, de otra manera nos vamos a cansar pronto, y hasta en amargura terminar.

Necesitamos estar en continua oración, de esa manera, Dios nos fortalece para seguir adelante en cualquier situación que se nos presente. Solo en ese momento, Asaf se dio cuenta de su error y su amargura. Lo más importante ante Dios es reconocer, a Él le agradan los corazones que reconocen y se arrepienten de sus maldades. La Palabra de Dios dice: "Los sacrificios *de Dios son el espíritu quebrantado; al corazón contrito y humillado no despreciarás tú, oh Dios". Salmos 51:17* Dios no desprecia estos corazones; al contrario, a Él no le agrada los corazones llenos de orgullo y arrogancia, o personas que se dicen adorar a Dios y servirle, pero hay amargura en ellos. Cuidemos nuestro corazón de la envidia. La Palabra de Dios dice: "*Porque Jehová es excelso, y atiende al humilde, más al altivo mira de lejos". Salmos 138:6*

"¿A quién tengo yo en los cielos sino a ti? y fuera de ti nada deseo en la tierra. 26 Mi carne y mi corazón desfallecen;

72

más la roca de mi corazón y mi porción es Dios para siempre. 27 Porque he aquí, los que se alejan de ti perecerán; tú destruirás a todo aquel que de ti se aparta. 28 Pero en cuanto a mí, el acercarme a Dios es el bien; he puesto en Jehová el Señor mi esperanza, para contar todas tus obras". Salmo 73:25-28

Después de quejarse tanto con Dios acerca de su envidia para con el impío, Dios abrió sus ojos y pudo mirar en la amargura que se encontraba. El problema es uno; si tú prójimo actúa mal, Dios le va a dar su recompensa, uno tiene que cuidar como se conduce; el salmista, hasta que entró en la presencia de Dios, fue que descubrió que todos tienen su pago aquí en la tierra; porque él por un momento estaba decepcionado de haber vivido una vida de integridad, "verdaderamente en vano he guardado mi corazón". ¿Ha venido esa decepción a su vida? Cuidado, a todos nos puede pasar, pero recuerda, Dios tiene su recompensa para cada uno según sus hechos. La Biblia dice: "No os engañéis; *Dios no puede ser burlado: pues todo lo que el hombre sembrare, eso también Segará". Gálatas 6:7*

Si el hombre siembra engaño, eso cosechará; pero si siembra amor, eso también cosechará. Así, que, no nos desanimemos al mirar tanta injusticia; en vez de juzgarlos y envidiar sus riquezas, mejor oremos; primero por nosotros, y luego por ellos para que vengan al arrepentimiento. Porque ¿para qué envidiar algo que es temporal? Si el Señor quiere, usted puede tener mucho más que ellos. Usted tiene la salvación, ellos carecen de eso, su fin no va a ser bueno si no se arrepienten. Busquemos las riquezas celestiales, esas no se deterioran. La Palabra de Dios dice: "Mas buscad *primeramente el reino de Dios y su justicia, y todas estas cosas os serán añadidas". Mateo 6:33 Y sigue diciendo: "Trabajad, no por la comida que perece, sino por la comida que a vida eterna permanece, la cual el Hijo del Hombre os dará; porque a éste señaló Dios el Padre". Juan 6:27*

AMARGURA POR ENFERMEDAD

Según el diccionario Oxford lenguages, enfermedad se define: "Alteración leve o grave del funcionamiento normal de un organismo o de alguna de sus partes debida a una causa interna o externa. Cosa que perturba o daña a una persona en lo moral o en lo espiritual y que es difícil de combatir o eliminar".

La enfermedad es un mal que todo ser humano no desea en su cuerpo. Es difícil trabajar con una enfermedad, hay enfermedades que avergüenzan al ser humano, pero lo más difícil en una enfermedad, es que el ser humano se cansa cuando no mira una respuesta, o una sanidad en su vida. A nadie le gusta estar enfermo o tener una deficiencia física o mental en su vida.

La OMS define. enfermedad como "Alteración o desviación del estado fisiológico en una o varias partes del cuerpo, por causas en general conocidas, manifestada por síntomas y signos característicos, y cuya evolución es más o menos previsible".[23]

"Está mi alma *hastiada de mi vida; Daré libre curso a mi queja, hablaré con amargura de mi alma.2 Diré a Dios: No me condenes; hazme entender por qué contiendes conmigo.3 ¿Te parece bien que oprimas, que deseches la obra de tus manos, y que favorezcas los designios de los impíos?" Job 10:1-3*

En el libro de Job, Dios nos enseña todo lo que tuvo que pasar él en su vida, sin encontrar respuesta; primero perdió todos sus bienes, luego sus hijos, y después su salud. Él siendo un hombre íntegro, dijo estas palabras:

"Y dijo: Desnudo salí del vientre de mi madre, y desnudo volveré allá. Jehová dio, y Jehová quitó; sea el nombre de Jehová bendito". Job 1:21

---

[23] http://scielo.isciii.es/scielo.php?script=sci_arttext&pid=S1988-348X2016000200006

Dios le dijo a Satanás que no había otro como Job, "Y Jehová dijo a Satanás: *¿No has considerado a mi siervo Job, que no hay otro como él en la tierra, varón perfecto y recto, temeroso de Dios y apartado del mal, y que todavía retiene su integridad, aun cuando tú me incitaste contra él para que lo arruinara sin causa"* Job 2:3

Dios conocía muy bien a Job, y Él sabía que iba a poder pasar todo ese proceso. Dios nunca quiso hacerle mal a Job, Él siempre quiere lo mejor para nosotros, paz, salud, amor, confianza, salvación, vida; y quiere que la tengamos en abundancia. El diablo es el que quiere destruir siempre, ese inicuo está lleno de odio, no hay cosa buena en él, sino pura maldad; y cada quien da conforme a lo que tiene. Dios es amor, así que Él nos brinda amor y todos sus derivados. Satanás es destructor así, que, por consecuencia eso es lo que puede dar. Así lo dice la Palabra de Dios: "El ladrón *no viene sino para hurtar y matar y destruir; yo he venido para que tengan vida, y para que la tengan en abundancia".* Juan 10:10

Es un contraste lo que ofrece cada uno. De nosotros depende a quien seguir. Cuando la ciencia médica no tiene respuesta a cierta enfermedad, sólo quedan dos lugares a donde acudir, a Dios o al diablo. Ya sea que alguien le diga que le están haciendo brujería, y esa persona le sugiera que valla a consultar un brujo, santero, etc., para que le hagan una limpia o le digan que es lo que tiene. Toda esa gente lo único que limpia es el bolsillo; porque la Palabra de Dios dice que el enemigo vino a robar; lo único que la gente logra con eso es atraer más maldiciones a su vida. Así, que, si no encuentras salida a tu problema o enfermedad, consulta con el mero mero, que es Jesucristo, Él sabe tu pasado, presente y futuro. Cuando ya no hay respuesta, Dios sí tiene respuesta. Busque una iglesia donde puedan orar por usted. Dios es el más poderoso de todo el universo. Jesucristo es experto en sanar heridas físicas y del alma; y lo hace por medio de sus siervos que predican su Palabra.

"¿Tienes tu acaso ojos de carne? ¿Ves tú cómo ve el hombre? 5 ¿Son tus días como los días del hombre, o tus años como los tiempos humanos, 6 Para que inquieras mi iniquidad, y busques mi pecado, 7 Aunque tú sabes que no soy impío, y que no hay quien de tu mano me libre?". Job 10:4-7

Cuando hay enfermedad, hay desesperación; y muchas veces uno dice incoherencias. En este pasaje, Job le reclama a Dios: ¡Acaso no estas mirando mi desdicha! Job estaba comparando a Dios con un humano; su amargura hizo que le diera rienda suelta a su boca, hablando lo que había en su corazón en esos momentos. Job sentía que no había pecado en él como para merecer todo ese castigo que estaba recibiendo. Más no sabía que el diablo estaba detrás de todo esto. Satanás quería que Job maldijera a Dios; pero Dios conocía la integridad de él, y por lo tanto, le permitió pasar por todo eso, para mostrarle a Satanás que Job no le adoraba solo por lo que le daba, sino por lo que Dios es.

Mi amado hermano y amigo, así puede pasar también en nuestras vidas; tal vez no encuentras la salida a ese problema o enfermedad, espera en Dios, Él tiene la respuesta. Busca a alguien con quien desahogarte, alguien que te entienda o que sepas que ya haya pasado por eso, esas personas entienden mejor. La Palabra de Dios dice: "Y sabemos que *a los que aman a Dios, todas las cosas les ayudan a bien, esto es, a los que conforme a su propósito son llamados". Romanos 8:28 El tema del libro de Job es: "Porque sufren los justos"*[24]

Job sabía que él no había pecado en lo absoluto, para merecer ese castigo, o sea, no había un pecado escondido en él o algo grave. Por eso tenía amargura en su corazón, porque no sabía el propósito por el cual Dios estaba permitiendo todo ese mal en su vida. Así, que, pregúntele a Dios en oración si de casualidad hay algún pecado

---

[24] Nuevo Diccionario Bíblico Ilustrado, por Vila y Ecuain 1985, Ed. Clie pág. 603

oculto en su vida del cual tenga que arrepentirse; si es así, pídale perdón a Dios primeramente, y luego a la persona afectada (si hay alguien), pero, si todo está bien en su vida, entonces espere en Dios; conforte su alma con la Palabra de Dios y orando. Él a su tiempo le va a dar la respuesta a ese problema, cualquiera que sea. Si nunca ha leído el libro de Job completo, le invito a que lo haga. Mi esposo lo llama *"Una apuesta entre Dios y Satanás"* así que resista, el Señor mira su aflicción, Él conoce sus pensamientos más profundos, Dios nunca lo va a dejar solo (a).

"Tus manos me hicieron y me formaron; ¿Y luego te vuelves y me deshaces? 9 Acuérdate que como a barro me diste forma; ¿y en polvo me has de volver? 10 ¿No me vaciaste como leche, y como queso me cuajaste? 11 Me vestiste de piel y carne, y me tejiste con huesos y nervios. 12 Vida y misericordia me concediste, y tu cuidado guardó mi espíritu. 13 Estas cosas tienes guardadas en tu corazón; yo sé que están cerca de ti. 14 Si pequé, tú me has observado, y no me tendrás por limpio de mi iniquidad. 15 Si fuere malo, ¡ay de mí! y si fuere justo, no levantaré mi cabeza, estando hastiado de deshonra, y de verme afligido. 16 Si mi cabeza se alzare, cual león tú me cazas; y vuelves a hacer en mí maravillas. 17 Renuevas contra mí tus pruebas, y aumentas conmigo tu furor como tropas de relevo. 18 ¿Por qué me sacaste de la matriz? hubiera yo expirado, y ningún ojo me habría visto. 19 Fuera como si nunca hubiera existido, llevado del vientre a la sepultura. 20 ¿No son pocos mis días? cesa, pues, y déjame, para que me consuele un poco, 21 Antes que vaya para no volver, a la tierra de tinieblas y de sombra de muerte; 22 Tierra de oscuridad, lóbrega, como sombra de muerte y sin orden, y cuya luz es como densas tinieblas" Job 10:8-22

Era tanta la desesperación y dolor de Job, que se sentía morir. La Palaba de Dios dice:

"Entonces salió Satanás de la presencia de Jehová, e hirió a Job con una sarna maligna desde la planta del pie hasta la coronilla de la cabeza. 8 Y tomaba Job un tiesto para rascarse con él, y estaba sentado en medio de ceniza". Job 2:7-8

El reclamo de Job para Dios era fuerte y amargo, por la manera que se sentía, deseaba no haber nacido, solo él sabía realmente que estaba sintiendo en ese momento; había dolor en su corazón porque había perdido sus bienes, pero sobre todo, había perdido a todos su hijos. ¿Se puede imaginar su desdicha? aparte de tener la aflicción en su cuerpo, añadió una más, dice la escritura que estaba sentado en medio de ceniza.

"Derramar ceniza sobre la cabeza era una señal de luto de tristeza o de arrepentimiento (2 Sam. 13; Isa. 58:5). El dolor se manifiesta también con la expresión estar sentado sobre ceniza, y un hombre abatido y humillado por sus enemigos es un hombre de ceniza (Job 30:19; 42:6). La fórmula "soy de polvo y ceniza" es expresión de exquisita cortesía (Gen. 18:27; Ec. 10:9). La ceniza suele ir unida al polvo y al fango, indicando siempre una situación penosa y triste (Job 30:19; 42:6)".[25]

"Por tanto me aborrezco, y me arrepiento en polvo y ceniza". Job 42:6 Aunque él no había pecado, aun así se humilló ante el Todopoderoso, por si acaso hubiera algo que le estorbara; en el primer capítulo de Job dice:

"Y acontecía que habiendo pasado en turno los días del convite, Job enviaba y los santificaba, y se levantaba de mañana y ofrecía holocaustos conforme al número de todos ellos. Porque decía Job: Quizá habrán pecado mis hijos, y

---

[25] Nuevo Diccionario Bíblico Ilustrado, por Vila y Ecuain 1985, Ed. Clie pág. 159

78

habrán blasfemado contra Dios en sus corazones. De esta manera hacia todos los días". Job 1:5

Job era cuidadoso de tener integridad delante de Dios; no le gustaba guardar pecados o secretos que le causaran mal, y eso, lo sabían muy bien sus amigos. Hay personas que se dedican a buscarles los errores a los demás, mejor dicho, a las personas extraordinarias; las personas que quieren ser diferentes, que les gusta sobresalir para Dios. Cuando una persona quiere salir adelante, no va a faltar alguien que te diga que no puedes, o que no va a funcionar (porque probablemente ellos ya pasaron por allí y se rindieron), pero recuerda, muchos son los invitados, pero pocos los escogidos; ¿quieres ser solo una persona invitada, o ser de los escogidos? Cuando se trata de escoger algún artículo o una persona para hacer una misión, usted no va a escoger a cualquier persona; va a escoger a alguien que cumpla con los requisitos para esa misión, va a tener mucho cuidado para hacerlo. Así Dios, Él no escogió a cualquiera para presumirle a Satanás (hablando de lo que Job hacía para Dios y que era íntegro), Dios escogió uno que sabía que iba a cumplir con esos requisitos; y Satanás, como lo único que quiere es destruir, no desaprovechó el tiempo para hacer daño; más él no conoce los pensamientos de Dios y no se da cuenta que lo que él daña, Dios lo convierte en una bendición después del proceso.

Si hay amargura en tu vida por causa de una enfermedad, tragedia, o perdida de algún ser querido, no te quedes estancado con el sufrimiento, busca ayuda, acércate a Dios, busca alguien con quien hablar, eso trae sanidad al alma, lee la Biblia, Dios habla por medio de ella; y no solo eso, la Palabra de Dios es sanidad, liberación, alimento al alma, etc. La Palabra de Dios dice:

"Porque la palabra de Dios es viva y eficaz, y más cortante que toda espada de dos filos; y penetra hasta partir el alma y el espíritu, las coyunturas y los tuétanos, y discierne los pensamientos y las intenciones del corazón 13 Y no hay cosa

creada que no sea manifiesta en su presencia; antes bien todas las cosas están desnudas y abiertas a los ojos de aquel a quien tenemos que dar cuenta". Hebreos 4:12-13

Es por eso, que cuando uno lee la Biblia, siente que la Palabra redarguye y habla a su corazón. No tema en buscar ayuda; si los doctores ya no le dan esperanza, hay uno que tiene esperanza para usted, se llama Jesús de Nazaret, Él murió por usted y por mí en la cruz del calvario, y también dice en su Palabra que Él llevó todas nuestras enfermedades,

"Ciertamente llevó Él nuestras enfermedades, y sufrió nuestros dolores; y nosotros le tuvimos por azotado, por herido de Dios y abatido. 5 Mas Él herido fue por nuestras rebeliones, molido por nuestros pecados; el castigo de nuestra paz fue sobre Él, y por su llaga fuimos nosotros curados". Isaías 53:4

Él ya pagó, solo queda que nosotros lo creamos y limpiemos nuestro corazón de toda amargura, resentimiento, odio, y coraje; porque todos estos sentimientos atraen enfermedades.

¿Alguna vez ha sentido este sentimiento que Job tenia hacia Dios? A todos nos ha pasado, o nos puede pasar ese sentimiento: "que Dios no escucha", pero fíjese como somos; cuando todo está bien en nuestras vidas, no hay ese sentimiento para Dios de parte de nosotros. El ser humano tiende a clamar o pedir ayuda cuando algo no está bien, sería incoherente clamar con amargura cuando todo está bien. "Él me derribó en el lodo, y soy semejante al polvo y a la *ceniza. 20 Clamo a ti, y no me oyes; me presento, y no me atiendes". Job 30:19-20* Job sentía que ya no quería vivir, y aparte ya no tenía por quien luchar, lo había perdido todo y lo habían abandonado, lo único que le quedaba era su esposa, pero ni ella soportaba mirarlo así, se atrevió a decirle:

"Entonces le dijo su mujer: ¿Aún retienes tu integridad? Maldice a Dios, y muérete. 10 Y él le dijo: Como suele hablar cualquiera de las mujeres fatuas, has hablado. ¿Qué? ¿Recibiremos de Dios el bien, y el mal no lo recibiremos? En todo esto no pecó Job con sus labios". Job 2:9-10

Esa sarna estaba matando de angustia a Job, él sabía que su estado era injusto; es por eso el motivo de su queja, la Biblia declara que no podía estar de ninguna manera, sus días y noches eran demasiado largos; su martirio las hacía ver de esa manera. dice:

"Cuando estoy acostado, digo: ¿Cuándo me levantaré? más la noche es larga, y estoy lleno de inquietudes hasta el alba. 5 Mi carne está vestida de gusanos, y de costras de polvo; mi piel hendida y abominable". Job 7:4-5

"Y mi cuerpo, se va gastando como de carcoma, como vestido que roe la polilla". Job 13:28 "Mi piel se ha ennegrecido y se me cae, y mis huesos arden de calor". Job 30:30

¿Se puede imaginar el rostro y cuerpo de Job viviendo este problema en su vida? Tenía comezón, y, ¿se imagina que rascarse implicara traerse piel en sus uñas y dedos? su piel y carne se iba carcomiendo, y aún con todo esto, Job no maldijo a Dios; deseó no haber nacido o que hubiera sido un aborto, maldijo el día en que nació, pero no maldijo a Dijo esto: "Perezca el día *en que yo nací, y la noche en que se dijo: Varón es concebido". Job 3:3* Era grande su desdicha, así que no podía ser pequeña esa amargura.

¿COMO PUDO JOB SALIR DE ESA AMARGURA?

Después que se encontraba en esa situación, tuvo visita de tres de sus amigos. De primero, no hallaban que decirle al mirar su condición, pero después de un tiempo, hablaron. Cada uno le daba su punto de vista pensando que él había pecado.

Cuando alguien está pasando por una situación al nivel de Job, la gente, tus seres queridos o tus mejores amigos te pueden decir que te analices, que pidas perdón a Dios, que estás así por causa de un pecado, ¿cómo se sentiría usted? Imagine como se estaba sintiendo Job.

"El antiguo pensamiento hebreo tenía la tendencia de pensar que, por cuanto el sufrimiento era la consecuencia del pecado, todo sufrimiento, incluido el caso de un justo, se debía necesariamente a la comisión de una trasgresión específica. Sin embargo, esta conclusión es errónea, bien que todos los hombres hayan nacido en pecado y susceptibles de caer. Por otra parte, las personas dependen unas de otras, y los inocentes pueden sufrir a causa de los injustos o de los culpables; la maldad no es siempre descubierta y triunfa en ocasiones, al menos momentáneamente. Job no pretende ser absolutamente sin falta, pero mantiene que su castigo está más allá de toda proporción con su pecado".[26]

Lo bueno que Dios es justo, y Él si mira todos nuestros actos, no se le escapa ninguno; Él es Omnipresente (donde sea está), Él es Omnipotente (es todo poderoso), y es Omnisciente (todo lo sabe); así que, no nos podemos escapar de su presencia; si la gente le juzga por algo que usted no cometió, no se preocupe; todo sale a la luz a su tiempo, y nada queda impune para Dios. Veamos qué fue lo que pasó para que Job pudiera salir de esa amargura:

Fue quebrantado. "Porque me ha *quebrantado con tempestad, y ha aumentado mis heridas sin causa". Job 9:17* La amargura de Job era, porque él pensaba que el Todopoderoso lo había herido sin causa. Pero todo tiene una causa, y Dios tiene sus propósitos para cada uno. Así dice la Palabra de Dios: "Y sabemos *que a los que aman a Dios, todas las cosas les ayudan a bien, esto es, a los que conforme a su propósito son llamados". Romanos 8:28*

---

[26] Nuevo Diccionario Bíblico Ilustrado, por Vila Y Escuain 1985, Ed. Clie pág. 603

La Palabra de Dios dice: que todas las cosas nos ayudan a bien; así que, si algo malo está pasando en tu vida, a su tiempo va a obrar para bien. Siempre y cuando te mantengas sirviendo y adorando al Señor.

"He aquí, aunque Él me matare, en Él esperaré; no obstante, defenderé delante de Él mis caminos, 16 Y Él mismo será mi salvación, porque no entrará en su presencia el impío". Job 13:15-16

Job estaba seguro de que no había pecado en contra del Señor. Si usted está también seguro, no tiene por qué poner atención a las críticas y murmuraciones de la gente. Job los llama "consoladores molestos", Así lo dice: "Muchas veces *he oído cosas como éstas; Consoladores molestos sois todos vosotros". Job 16:2* Y también dijo: *"¿Hasta cuando angustiaréis mi alma, Y me moleréis con palabras?" Job 19:2*

Algo que Job anhelaba era poder disputar con Dios; quería preguntarle el ¿por qué? de su desdicha. Dice: *"¡Ojala pudiese disputar el hombre con Dios, como con su prójimo!"* Job 16:21

Dios dejó que Job se desahogara.

Todo ese tiempo Dios se mantuvo callado; no dijo ni una sola palabra, hasta que Job se hubo desahogado.

"¡Quién me diera el saber dónde hallar a Dios! yo iría hasta su silla. 4 Expondría mi causa delante de Él, y llenaría mi boca de argumentos. 5 Yo sabría lo que Él me respondiese, y entendería lo que me dijera. 6 ¿Contendería conmigo con grandeza de fuerza? no; antes Él me atendería". Job 23:3-6

Que pasajes tan abrumadores para Job. Llegan momentos en nuestra vida que no encontramos respuesta para la enfermedad, dolor, u otras circunstancia. ¿Acaso Dios está muerto o sordo que no nos atiende? Quiero decirle que Dios está allí, escuchando su suplica, mirando las injusticias. DIOS SÍ NOS ESCUCHA.

Dios le responde a Job

"Entonces respondió Jehová a Job desde un torbellino, y dijo: 2 ¿Quién es ése que oscurece el consejo con palabras sin sabiduría? 3 Ahora ciñe como varón tus lomos; yo te preguntaré, y tú me contestarás". Job 38:1-3

Cuando leía esta Escritura, me dio risa, y a la vez moví mi cabeza de derecha a izquierda. Pensaba en qué cortos de sabiduría somos, bueno, lo digo por mí, porque, cuando intentamos contender contra Dios para tener una respuesta de lo que estamos pasando, y no la encontramos, Llegamos a actuar como unos niños espirituales, los cuales hacen berrinche y se enojan con su papá porque no les da lo que piden.

Hay muchas escrituras que muestran, como Dios se presenta en un torbellino. Torbellino: "Remolino *de viento o aire que avanza rápidamente y levanta a su paso polvo o materias poco pesadas"*.[27]

Su poder es tan fuerte que la tierra no lo puede sostener, y provoca actividad a su paso. Dios es tan poderoso e infinito, que uno como ser humano, no puede entender la magnificencia del Todopoderoso; porque la mente del ser humano es finita. Dios siempre está en acción. Él nunca se cansa, no tiene sueño como nosotros, Él a cualquier hora está disponible para nosotros, Él es Espíritu. Dice el rey David de Él:

"Más ¿Quién será capaz de edificarle casa, siendo que los cielos y los cielos de los cielos no pueden contenerlo? ¿Quién, pues, soy yo, para que le edifique casa, sino tan sólo para quemar incienso delante de Él?" 2 Crónicas 2:6

Dios sigue preguntando.

[27] Diccionario Oxford Langueges

"¿Dónde estabas tú cuando yo fundaba la tierra? házmelo saber, si tienes inteligencia. 5 ¿Quién ordenó sus medidas, si lo sabes? ¿O quién extendió sobre ella cordel? 6 ¿Sobre qué están fundadas sus bases? ¿O quién puso su piedra angular, 7 Cuando alababan todas las estrellas del alba, y se regocijaban todos los hijos de Dios? 8 ¿Quién encerró con puertas el mar, cuando se derramaba saliéndose de su seno? 12 ¿Has mandado tú a la mañana en tus días? ¿Has mostrado al alba su lugar? 16 ¿Has entrado tú hasta las fuentes del mar, y has andado escudriñando el abismo? 34 ¿Alzarás tú a las nubes tu voz, para que te cubra muchedumbre de aguas? 35 ¿Enviarás tú los relámpagos, para que ellos vayan? ¿Y te dirán ellos: Henos aquí". Job 38:4-8; 12; 16; 34;35

Dios hacía preguntas muy profundas a Job, las cuales él no podía responder. Mire: "¿Es sabiduría *contender con el Omnipotente? El que disputa con Dios, responda a esto". Job 40:2*

Dios no quiere que disputemos con Él; Él nos hizo y sabe lo que es bueno para nosotros, aunque nos duela. Muchas veces nos encontramos como Job, preguntando y disputando contra Dios, diciendo: "¿Dios porque me pasa esto a mí?, soy tu hijo". Algunos tienden a ignorar a Dios, haciéndose los enojados porque no soportan el proceso, y dicen: ¡Pues ya no voy a orar; ya no voy a ir a la iglesia; mucho menos leer la Biblia, porque tú, Dios, no me escuchas! Si estás en este proceso, no te rindas, sigue adelante, Dios está contigo; Él prometió estar con nosotros siempre, mire lo que dice: "Nadie te podrá *hacer frente en todos los días de tu vida; como estuve con Moisés, estaré contigo; no te dejaré, ni te desampararé". Josué 1:5*

Dios no te desampara aunque sientas desfallecer, Dios está allí a tu lado.

85

En vez de preguntarle a Dios, ¿porque me pasa esto a mí? Dile: ¿Con que propósito vino esto a mi vida? Y espera en su respuesta; a lo mejor no te la va a dar en ese instante, pero espera en ella. No permitas que la ira o la amargura del alma te consuman y te aparte de Dios. Algo que encontré en el libro de Job, es: que Job hablaba para defender su causa, pero cuando Dios habló, reconoció que: *"He aquí que yo soy vil; ¿qué te responderé? mi mano pongo sobre mi boca. 5 Una vez hablé, más no responderé; aun dos veces, más no volveré a hablar". Job 40:4-5*

Job se dio cuenta que no podía contestar nada, absolutamente nada sobre las preguntas que el Omnipotente le hacía. Allí se dio cuenta, que no es lo mismo disputar con sus amigos que tenían errores al igual que él, que disputar con Dios. En ese momento estaba hablando con el dueño de todo, con el Altísimo Dios verdadero al que no podía reclamar nada. Cuando Dios le hizo esas preguntas a Job, él se dio cuenta que nada podía esconder en su corazón que Dios no lo supiera. Dice la Palabra de Dios:

"Respondió Job a Jehová, y dijo: 2 Yo conozco que todo lo puedes, y que no hay pensamiento que se esconda de ti. 3 ¿Quién es el que oscurece el consejo sin entendimiento? por tanto, yo hablaba lo que no entendía; cosas demasiado maravillosas para mí, que yo no comprendía". Job 42:1-3

La Escritura dice que Job hablaba sin entendimiento, muchas palabras hablaba sin comprenderlas, (como muchos de nosotros). ¿Te ha pasado que estás adorando a Dios y salen de tu boca palabras exaltándole, y no las comprendes? A mí sí, pero después las analizo y digo: ¿Esto salió de mi boca? o que, por falta de entendimiento, ¿salen cosas vanas de nuestra boca, solo porque Dios no concedió la petición en el momento que lo queríamos? Dios no es una lámpara mágica para conceder nuestros deseos en el momento que los pidamos. Dios sabe lo que necesitamos, y eso es lo que nos va a dar.

Con todo lo que le estaba pasando a Job, su corazón estaba quebrantado; y al escuchar la voz de Dios, reaccionó sobre la actitud que había estado tomando para con Él. Se dio cuenta que él no sabía nada y necesitaba saber de esa sabiduría que el Omnipotente poseía. Dice: "Oye, te ruego *y hablaré; te preguntaré, y tú me enseñarás. 5 De oídas te había oído; mas ahora mis ojos te ven. 6 Por tanto me aborrezco, y me arrepiento en polvo y ceniza". Job 42:6*

Job pudo salir de esa amargura cuando tuvo un encuentro con el Omnipotente, solo en ese momento reconoció su ignorancia; Dios le hizo ver la situación en la que se encontraba y se arrepintió.

Cuatro puntos muy importantes que ayudan a deshacerse de la amargura

1. Reconocer. Cuando alguien se encuentra en amargura, pone barreras en su mente y corazón; se siente dañado, tanto, que siempre está a la defensiva. La gente quiere ayudarle; pero, quien se encuentra en amargura, no responde a esa ayuda, "piensan" que la gente lo único que quiere es juzgarlos, o que solo lo quieren atacar; aclaro, algunos de ellos. He tenido varias experiencias con esas personas, en realidad, uno quiere ayudar, pero mientras uno no reconozca el problema, no se puede dejar ayudar.

Esa persona necesita tener un encuentro con el Omnipotente, solo así se va a dar cuenta que necesita ayuda. Al momento que reconozca su situación o problema que está atravesando, va a poder pedir ayuda.

"Muchos de nosotros soportamos cargas muy pesadas que son fruto del resentimiento y la amargura. Dios quiere librarnos de ese resentimiento y de esa amargura y, al hacerlo, creo que nuestro mensaje será más creíble al mundo".[28]

---

[28] La gratitud/El perdón por Nancy Leigh DeMoss Ed. Portavoz pág. 61

En mi caminar, he pasado por muchas cosas, que para mi criterio han sido malas; bueno, eso pensaba yo; pero me di cuenta que todas esas circunstancias me iban haciendo más fuerte, y sin querer, iba madurando. Mi personalidad es melancólica, (tengo de otras personalidades, pero esa es la más fuerte) así que tiendo a tomar muy a pecho lo que me dicen, esto causaba que por cualquier cosa me sintiera ofendida. Con el transcurso del tiempo y tanto sufrir, y, por supuesto, pedirle a Dios que me ayude con eso, he podido superarlo; no del todo, pero ahora tengo más herramientas para contrarrestarlo. 1) La Palabra de Dios, la oración y ayuno, y 2) Libros de superación personal que me han ayudado mucho. Todo esto me ha ayudado a poder reconocer cuando hay resentimiento en mí y poder salir de él. Un libro que me ha ayudado mucho es: Enriquezca su personalidad de Florence Littauer, aprendí que las personas poseemos diferentes tipos de personalidades; he allí el dilema, porque muchos no nos comprendemos y a causa de eso, nos herimos por falta de conocernos a nosotros mismos. Yo lucho con eso, pero gracias a Dios sigo venciendo, porque no me doy por vencida, lucho hasta encontrar la raíz del problema y solucionarlo, y no solo eso, sino también quiero ayudar a muchos que están pasando por lo mismo, para que también lo puedan superar.

Florence dice en su libro:

"Cada uno de nosotros es único: Nacemos con una combinación de características las cuales nos hacen distintos de nuestros hermanos y hermanas. Año tras año nos han martillado, golpeado, astilladlo, lijado y pulido. Justo cuando pensamos que ya éramos perfectos, alguien empezaba a moldearnos de nuevo. De vez en cuando disfrutamos de un día en el parque, cuando todos los transeúntes nos admiraban y consentían, pero a veces se han burlado de nosotros, nos han analizado o peor aún, nos han ignorado. Si solo pudiéramos entendernos: 1) Saber de **QUÉ** somos hechos. 2) Saber **QUIÉN** somos realmente. 3) Saber **POR**

QUÉ reaccionamos como lo hacemos. 4) Saber nuestros **PUNTOS FUERTES** y como desarrollarlos. 5) Saber nuestras **DEBILIDADES** y como superarlas. Cuando sepamos quienes somos y porque obramos como lo hacemos, podemos empezar a comprender nuestro verdadero yo, mejorar nuestra personalidad, y aprender cómo llevarnos bien con los demás".[29]

El saber cómo una persona reacciona, nos ayuda a entenderla, a reconocer que lo que dijo o hizo, tal vez no era su intención molestarnos; y al entenderlo, vamos a librarnos de muchos malos entendidos.

2. Arrepentirse. Al momento que una persona reconoce su error, el siguiente paso es arrepentirse; y al momento de arrepentirse ante Dios, y ante las personas por las cuales permitió que llegara ese daño, y se convirtiera en amargura, va a poder ser liberado de ese tormento que es la *amargura*.

Stormie, dice en su libro:

"El enemigo de tu alma hará cualquier cosa que sea necesaria para meterse en tu mente con mentiras. Plantará un pensamiento, un temor, una sospecha o una idea equivocada, y te atormentara con eso. Tiene el propósito de desgarrarte. Y da resultado. Tenemos que aprender a reconocer su engaño, antes que podamos refutarlo y resistirlo. La única manera de luchar con sus mentiras es con la verdad de la Palabra. Podemos preguntarnos: ¿Qué estoy dejando entrar a mi mente? ¿Cuál es el fruto de los pensamientos que estoy pensando? ¿Producen mis pensamientos resultados positivos y edificantes? ¿O me hacen sentir mal, triste, ansioso, temeroso, deprimido o enojado? ¿Son estos pensamientos del Señor? ¿O parecen más como algo que viene del enemigo? Cuando tienes la

[29] Enriquezca su personalidad por Florence Littauer, Ed. Unilit pág. 12:13

Palabra de Dios en tu mente, reconocerás cualquier cosa que no esté en línea con ella". [30]

Si te has dejado llevar por malos pensamientos, es necesario arrepentirse, y pedir perdón a Dios y a la persona que te ha hecho daño; porque si te das cuenta, esos pensamientos malos o negativos que se nos vienen en contra de ellos, nosotros también estamos pecando en contra de ellos, por desearles el mal, aunque ellos hayan sido los primeros en ofender. Hacer esto no es nada fácil, tal vez incomprensible; pero, si esa situación te está quitando la paz en tu corazón, es necesario actuar. Necesitamos pedir perdón.

Job, en este caso no había pecado; pero la Biblia dice que se estaba quejando con amargura del alma; eso significa que su quejar era muy profundo y muy doloroso; no era para menos, por todo lo que estaba pasando, y todavía tener que soportar a sus amigos juzgándole; pero Dios nunca llega tarde.

"Y aconteció que después que habló Jehová estas palabras a Job, Jehová dijo a Elifaz temanita: Mi ira se encendió contra ti y tus dos compañeros; porque no habéis hablado de mí lo recto, como mi siervo Job". Job 42:7

3 Perdonar. En el momento que Job empezó a reaccionar, se dio cuenta que con Dios no podía disputar, y tuvo que rendirse y arrepentirse ante Él, y perdonar a sus amigos que en sus momentos más oscuros, en vez de alentarlo, lo juzgaron. Dios mandó a Job orar por ellos y que hiciera sacrificio por ellos; eso significa perdonar. Job perdonó y oró por sus amigos y eso fue el broche de oro para la restauración completa de él.

Después de pasar esa terrible situación, le fue restaurada su salud, su esposa, sus hijos y todos su vienes; pero no fue hasta que oró por sus amigos, los cuales durante su aflicción, estuvieron

---

[30] El poder de una vida de oración por Stormie Omartian. Ed. Unilit pág. 172;173

escarneciendo su alma. Hasta ese momento quedó libre de su aflicción.

Así pasa con el ser humano; cuando perdona y decide bendecir al que era su enemigo con una oración, es sanado. No te rindas, que ese resentimiento no cierre tu corazón; entrégale a Dios todos esos rencores, y veras que poco a poco todo ese sentimiento se disipa de ti. Si no es tu caso, que bueno, pero tenlo en cuenta, por si llegas a conocer a alguien con esos sentimientos, puedas ayudarle. Todos estos pasos no son para criticar; a cualquiera nos puede pasar. Pero estos pasos si nos ayudan a ser restaurados.

4. Orar por el agresor. Que importante es perdonar y orar por los que nos ultrajan. La Palabra de Dios dice:

"Pero yo os *digo: Amad a vuestros enemigos, bendecid a los que os maldicen, haced bien a los que os aborrecen, y orad por los que os ultrajan y os persiguen. 45 para que seáis hijos de vuestro Padre que está en los cielos, que hace salir su sol sobre malos y buenos, y que hace llover sobre justos e injustos. 46 Porque si amáis a los que os aman, ¿qué recompensa tendréis? ¿No hacen también lo mismo los publicanos? 47 Y si saludáis a vuestros hermanos solamente, ¿qué hacéis de más? ¿No hacen también así los gentiles? 48 Sed, pues, vosotros perfectos, como vuestro Padre que está en los cielos es perfecto". Mateo 5:44-48*

He aquí la respuesta del porqué El Todopoderoso manda a Job que haga sacrificios por sus amigos, y ore por ellos. Es difícil perdonar, pero no es imposible. En nuestro corazón surge un cambio cuando nosotros obedecemos a Dios en cuanto al perdón; y no solo eso, al momento que uno empieza a orar por esa persona, pidiendo a Dios bendición sobre ella, he allí la bendición completa en nuestras vidas.

Lo primero que pasa, es que uno se libera de esa carga; y al ser liberado, el corazón es sanado, y por consecuencia llega la bendición y prosperidad a manos llenas. Dice la Palabra de Dios que Job llegó a tener mucho más de lo que había poseído antes. "Y quitó *Jehová la aflicción de Job, cuando él hubo orado por sus amigos; y aumentó al doble todas las cosas que habían sido de Job"*. *Job 42:10* Hay esperanza para el afligido, no te rindas, Jesús quiere sanar todas esas heridas que hay en tu corazón.

RAIZ DE AMARGURA

Raíz de amargura. Definición de raíz: "Parte oculta de una cosa y de la cual procede la parte visible o manifiesta". (Diccionario Oxford Languages)

Una raíz, por lo general está oculta; muy pocas veces la raíz de una planta o árbol sale a flote; y cuando sale, es para dañar lo que hay a su alrededor. Mi vecina tenía un árbol muy grande cerca de su casa; pero con el tiempo sus raíces se empezaron a levantar, eso causó que el cemento se levanta también (porque la raíz quería salir a flote por debajo del cemento), llegó un momento que le costaba mucho trabajo abrir la puerta de su casa, así que el único remedio fue cortarlo y eliminar sus raíces, porque si lo hubieran dejado, hasta la casa la hubiera desnivelado. Dice la Escritura:

"Mirad bien, no sea que alguno deje de alcanzar la gracia de Dios; que brotando alguna raíz de amargura, os estorbe, y por ella muchos sean contaminados". Hebreos 12:15

Vamos a desglosar este versículo.

1. Mirar bien. Este es uno de los errores que cometemos muchas personas o cristianos; "el no mirar bien", o el no analizar primero nuestra mente y corazón a la luz de la Palabra de Dios. La mayoría de las circunstancias entran por la vista, de allí se lleva a la mente, y si ese pensamiento no lo eliminas con oración y dominio propio, se va al corazón; y ya estando en el corazón, es muy difícil que salga;

92

es enraizado y empieza a contaminar el alma. No deje que eso pase en su vida.

2. No sea que alguno deje de alcanzar la gracia de Dios. A causa de la contaminación, uno puede perder la gracia de Dios; en otras palabras, la salvación. Porque somos salvos por gracia, no tenemos que pagar nada, solo obedecer a su Palabra. Necesitamos examinarnos cada día, para vivir separados de contaminación del pecado, y la amargura. Ejemplo: Podemos reflexionar que fue lo que hicimos mal, para aprender de ese error, reconocerlo y pedir perdón, o perdonar a otros; eso es lo que nos pide El Todopoderoso por medio de su Palabra. "Acerquémonos, pues, *confiadamente al trono de la gracia, para alcanzar misericordia y hallar gracia para el oportuno socorro". Hebreos 4:16*

La única manera de alcanzar gracias para con Dios, es acercándonos a Él. Uno se acerca a Dios con humildad, reconociendo que Él es el Todopoderoso, el Santo, el único Dios verdadero que hizo todo el universo; es hermoso adorar al Señor. En el Salmo 8 el salmista relata su adoración y reconocimiento:

"¡Oh Jehová, Señor nuestro, Cuán glorioso es tu nombre en toda la tierra! has puesto tu gloria sobre los cielos; 2 De la boca de los niños y de los que maman, fundaste la fortaleza, a causa de tus enemigos, para hacer callar al enemigo y al vengativo. 3 Cuando veo tus cielos, obra de tus dedos, la luna y las estrellas que tú formaste,4 Digo: ¿Qué es el hombre, para que tengas de él memoria, y el hijo del hombre, para que lo visites?" Salmos 8:1-4

Es bueno reconocer que es nuestro Dios, Él es el único Dios verdadero; y solo leyendo su Palabra (porque su Palabra es verdad), nos damos cuenta que da alimento al alma y medicina a nuestros huesos, calma el alma abatida, aclara la mente confundida, todo eso hace la Palabra de Dios y mucho más; solo consiste que le creas a

Dios, y Él actúa en tu necesidad. Así que tengamos en mente que siempre necesitamos estar analizando nuestro corazón y mente para determinar si estamos haciendo lo correcto delante de Dios o no.

La manera más fácil de examinarnos, es hablando con Dios; usted le puede pedir que lo examine y esperar en esa respuesta; si por algún motivo hay algo en su corazón o mente que necesita arreglar, el Señor se lo va a mostrar. Él va a depositar en su mente un pensamiento en lo cual usted necesita trabajar, o alguien va a venir a usted diciéndole algo en lo cual necesita trabajar. Dios, hasta por los niños nos habla, así que estemos alertas para poder discernir cuando Él nos esté hablando, y así mantenernos siempre en la gracia del Señor.

3. Que brotando alguna raíz de amargura. La misma palabra lo dice: "amargura" es: algo amargo. ¿A usted le gusta lo amargo? Tal vez algunas cosas sí. Hay personas que les gusta tomar su café amargo, u otras bebidas, a otras no. Pero lo que quiero hablar en estos párrafos es acerca de la amargura del corazón.

"Somos una generación de gente herida, y nuestra amargura latente se convierte en ira, odio, finalmente en venganza y violencia. ¿Se ha preguntado alguna vez de donde viene esta violencia sin sentido? ¿Por qué los chicos llegan un día al colegio y vuelan las cabezas de otras personas? ¿Ha oído alguna vez que el animal más peligroso del bosque es el que está herido? Hay una enorme cantidad de personas maltratadas que nunca aprendieron a manejar sus heridas, y hieren a otros".[31]

Estas heridas dañan; por consiguiente, si no las tratamos hablando con alguien acerca de esto, se van arraigando en el corazón y en la mente. Solo con el perdón se puede contrarrestar estas heridas; algunos piensan que la venganza es la solución, pero no mi amigo; la venganza solo causará más amargura y daño al corazón.

[31] La gratitud/El perdón por Nancy Leigh DeMoss. Ed. Portavoz pág. 51

En muchas ocasiones fui presa de la falta de perdón. Dejaba que me hicieran daño (ahora reconozco que era así, yo lo permitía), crecí con una autoestima baja, en mi casa era amada y tenía lo necesario; pero cuando era niña, alguien intento abusar de mí; eso cambió mi vida para siempre; el enemigo me hizo creer que yo no valía nada. Llevé ese secreto conmigo como por 18 años, nadie lo sabía; nunca hablé de esto con nadie, porque sentía que si decía algo, mis padres iban a hacer algo al respecto, y esas personas arreglaban los problemas con pistola, así que guardé silencio por todos esos años; lloraba en las noches, pensando que no era la misma. Esto, con el tiempo me hizo más vulnerable a las heridas, cualquier cosa me hacía sentir mal y aprendí a reprimir mis emociones, así que explotaba cuando ya no podía más.

Esto ha pasado con muchas personas. A lo largo de mi vida han venido a mí a contarme sus historia muy impactantes, (nada que ver con la mía). Yo, lloraba por las noches, y decía: ¿Por qué a mí Señor? Pero no encontraba respuesta. El día que fui liberada de esa pena, entendí el por qué. Ahora podía entender a la gente que pasaba por esas circunstancias. Mi testimonio ha ayudado a muchos a poder ser liberados. La manera que yo fui liberada constaba de hacer algo muy sencillo, pero para mí era muy difícil.

Fue una noche después de una predicación en la iglesia donde me congrego, había predicado un ministro acerca de ser liberados por medio de la confesión. Cuando terminó de predicar, él hizo la invitación a orar. Yo pasé al altar a orar, algo diferente pasó en mí, yo ya no resistía vivir así, sentía que debía hacer algo; cuando iba en camino a casa, sentía una bola en la boca de mi estómago, y sentía que tenía que salir, sino, no sabía qué me iba a acontecer. Llegué a mi casa, me armé de valor y le confesé a mi madre lo sucedido. Sabía que ella era la más indicada, aunque algo me detenía para hablar; cuando lo hice, fui libre de esa carga que llevé por muchos años en mi mente y corazón; por fin había sido libre para gloria de mi Señor Jesucristo. No fue fácil, pero lo logré, Dios me dio las fuerzas.

De allí en adelante mi vida cambio para bien. Yo tenía rencor a personas que los había dejado que me dañaran. El Señor me llamó a hacer un ayuno de 21 días con el propósito de ser sanada de mi corazón y de mi alma. Lo hice; y en esos días el Señor me mostraba a quien llamarle para pedirle perdón (aunque yo fuera la ofendida). El Señor me mostró que tenía que pedir perdón, porque por el rencor que yo les guardaba, hacía que pecara en contra de ellos deseándoles que les fuera mal en la vida. Porque en realidad, cuando guardamos rencor, eso es lo que pasa por nuestra mente, no lo podemos negar. El Señor me limpió de la amargura por medio del perdón. GRACIAS PADRE.

En este tiempo sigo luchando cada día por guardarme libre de la amargura, del rencor, y sus derivados; la diferencia, es, que ahora tengo herramientas como contrarrestarla. Porque descubrí que la amargura no lleva a nada bueno, al contrario perjudica.

4. <u>Os estorbe, y por ella muchos sean contaminados.</u> La amargura contamina. Cuando una persona vive en amargura, quiere decir que está herida, y por consiguiente, va a querer herir a otros. Cuando una herida del cuerpo no se trata a tiempo y se infecta, puede resultar algo grave. Depende el tamaño de la herida, puede causar hasta la muerte; de la misma manera puede pasar con las heridas del alma, sino se atienden a tiempo, se convierten en amargura, y esa es una enfermedad muy seria del alma que causa la muerte espiritual. La Biblia dice: "Mas evita *profanas y vanas palabrerías, porque conducirán más y más a la impiedad. 17 y su palabra carcomerá como gangrena; de los cuales son Himeneo y Fileto". 2 Timoteo 2:15-17*

Esta contaminación va carcomiendo el alma. Entre más hablemos, diciendo: A mí me hicieron, me agredieron, me maltrataron, se burlaron de mí, etc., estamos alimentando el resentimiento, y esa amargura carcome el alma; porque el rencor brota del corazón y se mira en los ojos y en la actitud de la persona. Uno tiene que

96

confesar para ser sanado; pero hay que confesarlo a alguien que nos pueda ayudar a sanar; porque si lo decimos a los cuatro vientos y alguien está pasando por lo mismo que nosotros, ¿qué cree? Nos va a dar la razón, y en vez de ser sanados, esa herida se va a hacer más profunda.

Cuando un ser humano tiene raíces de amargura y brotan, contamina a las personas que están a su alrededor. ¿Cómo pueden contaminarse las personas a su alrededor? La amargura se obtiene por resentimientos, falta de perdón, y otros sentimientos negativos. Una persona con amargura puede estar platicando con sus amigos, y de repente mira a la persona que llega, de la cual está resentida; ¿cómo cree que se va a sentir? Me imagino que muy incómoda. Hay personas que no soportan, y se van; otras hablan palabras negativas con indirectas, hacia esa persona, para querer desquitar el resentimiento, coraje y enojo. Pero esa no es la solución.

¿Saben? La persona que vive con amargura, vive así porque no busca ayuda para salir de ese problema; otras, no saben lo que está pasando, por lo tanto, no hay un nombre que le puedan dar a ese problema, aunque saben que no es algo bueno lo que sienten, y al no reconocerlo, su mente construye barreras y no se deja ayudar. Por consecuencia se la pasan hablando mal de las personas que los agredieron. Solo que en ocasiones la persona que los agredió no se dio cuenta que lo hizo. Por consiguiente, no le puede pedir una disculpa. O peor aún, la persona ya se disculpó, pero el agredido no quiere perdonar, y por no haberlo hecho, su corazón se llenó de resentimiento, y entre más lo tenga en su corazón, se convierte en amargura. La Palabra de Dios nos manda que quitemos eso de nuestra vida: "Quítese de *vosotros toda amargura, enojo, ira, gritería y toda maledicencia, y toda malicia". Efesios 4:31*

Dios quiere que nos despojados de todo eso. El perdonar no es una emoción; muchos piensan: "si yo no siento perdonar, no lo haré". Déjeme decirle que el perdonar es una decisión. Usted decide perdonar porque Dios lo perdonó primero y le ha perdonado mucho más de lo que usted se imagina. La Palabra de Dios nos dice:

"Y cuando estéis orando, perdonad, si tenéis algo contra alguno, para que también vuestro Padre que está en los cielos os perdone a vosotros vuestras ofensas. 26 Porque si vosotros no perdonáis, tampoco vuestro Padre que está en los cielos os perdonará vuestras ofensas". Marcos 11:25-26

En el libro: La Gratitud, El Perdón, la escritora anima a dibujar una tabla con tres columnas, y en ellas hacernos unas preguntas. He aquí un ejemplo: "En la columna de la izquierda escriba los nombres de las personas que han pecado en contra suya y cuyas ofensas usted aún guarda en su corazón. Luego en la columna del centro escriba como lo ofendió esa persona. ¿Cuál fue esa ofensa?, y por último en la tercera columna, pregúntese ¿Cómo yo les conteste a esas personas que me dañaron?" [32]

Personas que me dañaron	¿Cuál fue la ofensa?	¿Cómo les respondí yo?

Solo perdonando va a limpiar y sanar su corazón. Podría usted decirme: ¡Es que usted no sabe lo que me hicieron, por eso es muy fácil para usted, decirlo! Yo sé muy bien que no es fácil. Créame que no es el único en la tierra que ha sido ofendido. Siga adelante y perdone. Cuando usted haga eso, se va a liberar, y va a liberar a la

---

[32] La Gratitud/El Perdón por Nancy Leigh DeMoss, ed. Portavoz pág. 73;74

persona que le ofendió también. Hay un relato en la Biblia que me anima a perdonar cada vez que alguien me ofende:

"Por lo cual el reino de los cielos es semejante a un rey que quiso hacer cuentas con sus siervos. 24 Y comenzando a hacer cuentas, le fue presentado uno que le debía diez mil talentos. 25 A éste, como no pudo pagar, ordenó su señor venderle, y a su mujer e hijos, y todo lo que tenía, para que se le pagase la deuda. 26 Entonces aquel siervo, postrado, le suplicaba, diciendo: Señor, ten paciencia conmigo, y yo te lo pagaré todo. 27 El señor de aquel siervo, movido a misericordia, le soltó y le perdonó la deuda. 28 Pero saliendo aquel siervo, halló a uno de sus consiervos, que le debía cien denarios; y asiendo de él, le ahogaba, diciendo: Págame lo que me debes. 29 Entonces su consiervo, postrándose a sus pies, le rogaba diciendo: Ten paciencia conmigo, y yo te lo pagaré todo. 30 Más él no quiso, sino fue y le echó en la cárcel, hasta que pagase la deuda. 31 Viendo sus consiervos lo que pasaba, se entristecieron mucho, y fueron y refirieron a su señor todo lo que había pasado. 32 Entonces, llamándole su señor, le dijo: Siervo malvado, toda aquella deuda te perdoné, porque me rogaste. 33 ¿No debías tú también tener misericordia de tu consiervo, como yo tuve misericordia de ti? 34 Entonces su señor, enojado, le entregó a los verdugos, hasta que pagase todo lo que le debía. 35 Así también mi Padre celestial hará con vosotros si no perdonáis de todo corazón cada uno a su hermano sus ofensas". Mateo 18:23-35

Según la tabla de conversión de talentos, 10,000 talentos, equivalente a 340,194kg. En el mercado de oro aparece un aproximado del valor del oro por kg. 62,660.00. Así que si multiplicamos los kilogramos por el precio del oro, nos da un aproximado de 21,316, 556,040 billones de dólares. (Estas tablas son un aproximado)[33]

---

[33] http://www.convet-me.com/es/convert/history_weght/bibtalent.html

Esta deuda es demasiado alta para un siervo a pagar; el señor le perdonó una deuda inmensa, para decir verdad hay países que no cuentan con esa economía en oro en su banco de reserva. Con esto, Dios nos dice que la deuda que Él nos perdonó no la podemos pagar ni con toda nuestra vida.

Su consiervo le debía 100 denarios, actualmente equivaldría a $3.15 dólares, aproximadamente.[34] El señor le había perdonado al siervo 21 billones (un redondeo) y el siervo no pudo perdonar $3.15 dólares a su consiervo. Si Dios es capaz de perdonar todos nuestros pecados, ¿no seremos nosotros capaces de perdonar una falta a nuestro prójimo?

El siervo entregó a la cárcel a su consiervo por deber esa cantidad ($3.15). Mucha gente encierra a su prójimo en la cárcel de su corazón; allí lo tiene, y mientras que está allí, le está deseando el mal; pero déjeme decirle que el único que se está dañando es el que encarcela; y la única manera de soltarlo es perdonando. Cuando uno perdona, es liberado; y no solo eso, se liberan los dos y su corazón es sanado. Es por eso que en los versículos 34 y 35 dice:

"Entonces su señor, enojado, le entregó a los verdugos, hasta que pagase todo lo que le debía. 35 Así también mi Padre celestial hará con vosotros si no perdonáis de todo corazón cada uno a su hermano sus ofensas". Mateo 18:34-35

Dios nos ha perdonado y nos sigue perdonando. ¿Será que podemos hacer lo mismo? Me animo y le animo a que así hagamos siempre; necesitamos perdonar para mantenernos fuera de esa cárcel espiritual que solo atormenta. La Palabra de Dios dice:

"Entonces se le acercó Pedro y le dijo: Señor, ¿cuántas veces perdonaré a mi hermano que peque contra mí? ¿Hasta siete? 22 Jesús le dijo: No te digo hasta siete, sino aun hasta setenta veces siete". Mateo 18:21-22.

---

[34] http://es.beincrypto.com/convertir/denarius-us-d/

En estos dos versículos el Señor nos está diciendo: No hay un límite para perdonar a tu prójimo, solo te mando que lo perdones. Amen.

Capitulo 5

SANIDAD DIVINA

¿Que se le viene a la mente cuando escucha sanidad divina? Cuando yo escucho esta palabra, pienso en milagros y en sanidades que no tienen explicación para la ciencia. ¿Conoce usted a alguien que haya sido sanado de esta manera? Yo conozco a varios. Quiero hablarte del que produce estas sanidades y que hace estos milagros:

"El Espíritu del Señor está sobre mí, Por cuanto me ha ungido para dar buenas nuevas a los pobres; Me ha enviado a sanar a los quebrantados de corazón; A pregonar libertad

a los cautivos, Y vista a los ciegos; A poner en libertad a los oprimidos; 19 a predicar el año agradable del Señor". Lucas 4:18-19

Vamos a estudiar este pasaje de la Biblia para poderlo entender mejor.

1. EL ESPIRITU DE DIOS ESTA SOBRE MI.

Cuando Jesús vino a esta tierra, Él vino a cumplir la ley. Éste pasaje de la Biblia fue escrito por el profeta Isaías (Isaías 61:1), antes que Jesús viniera a la tierra, aproximadamente 700 años (a. de C.); y fue cumplido cuando Jesús mismo tomó el rollo del profeta Isaías y lo empezó a leer:

"Y enrollando el libro, lo dio al ministro, y se sentó; y los ojos de todos en la sinagoga estaban fijos en él. 21 Y comenzó a decirles: Hoy se ha cumplido esta Escritura delante de vosotros". Lucas 4:20-21

El Espíritu, con mayúscula, se refiere al Espíritu Santo de Dios. Ese Espíritu Santo es el que está sobre Jesús, es el que hacía que hubiera milagro tras milagro en el transcurso de su ministerio en la tierra.

El Espíritu Santo es poder. "Pero recibiréis poder, *cuando haya venido sobre vosotros el Espíritu Santo, y me seréis testigos en Jerusalén, en toda Judea, en Samaria, y hasta lo último de la tierra". Hechos 1:8*

El Espíritu Santo está sobre Jesús, y no solo sobre Él; Jesús prometió que también en todo aquel que lo recibiera como su Salvador, y se bautizara en su nombre: "Pedro les *dijo: Arrepentíos, y bautícese cada uno de vosotros en el nombre de Jesucristo para perdón de los pecados; y recibiréis el don del Espíritu Santo". Hechos 2:38*

Cuando uno se arrepiente y acepta a Jesús como su único salvador, y su nombre (Jesucristo) es invocado sobre el creyente en el bautismo, Jesús nos está dando la promesa de que recibiremos el Espíritu Santo. Un creyente necesita el Espíritu Santo para vencer cada tentación que venga a su vida. El Espíritu Santo es poder. Te has preguntando ¿Qué es el Espíritu Santo? también es conocido como el Espíritu de Dios. La Palabra de Dios nos dice: "Y la tierra estaba *desordenada y vacía, y las tinieblas estaban sobre la faz del abismo, y el Espíritu de Dios se movía sobre la faz de las aguas". Génesis 1:2*

La Palabra faz Significa: "Cara o superficie" (diccionario Oxford languages), así que el Espíritu de Dios se movía sobre la superficie de las aguas. El Espíritu de Dios o Espíritu Santo siempre está en movimiento. Cuando el Espíritu Santo viene a una persona, es para llenarlo de su presencia, o sea, la presencia de Dios. La Biblia declara: "Dios es Espíritu; *y los que le adoran, en espíritu y en verdad es necesario que adoren". Juan 4:24* El Espíritu Santo es una manifestación del mismo Dios encarnado, el único Dios verdadero. Fuera de Él no hay nadie, solo imitaciones.

2. POR CUANTO ME HA UNGIDO PARA DAR BUENAS NUEVAS A LOS POBRES

El ungirse solo funciona con el aceite de la unción. La Biblia dice: *"Luego tomaras el aceite de la unción, y lo derramarás sobre su cabeza, y le ungirás". Éxodo 29:7* Este pasaje se refiere cuando Jehová Dios, mando a Moisés a ungir a Aarón para ser el sumo sacerdote. Después de ser ungido, él era el único que podía entrar al lugar santísimo una vez al año para hacer expiación de los pecados del pueblo (Levítico 16:34). Al ser ungida una persona, reposa en él el Espíritu Santo.

"Y reposará sobre él el Espíritu de Jehová; espíritu de sabiduría y de inteligencia, espíritu de consejo y de poder, espíritu de conocimiento y de temor de Jehová.3 Y le hará

entender diligente en el temor de Jehová. No juzgará según la vista de sus ojos, ni argüirá por lo que oigan sus oídos". Isaías 11:2-3

Cuando un siervo de Dios está ungido no se va a dejar llevar por lo que le digan; porque hay personas que solo se dedican a difamar a otros, o llevar y traer chismes. Pero cuando el siervo está firme en el Señor, y tiene el Espíritu Santo, que es la unción del Señor, no se va a dejar mover por esa gente que por su ignorancia a la Palabra de Dios, se dejan usar por el enemigo.

Un siervo ungido, tiene el discernimiento para que Dios le enseñe de donde proceden las cosas, ya sea de Dios, o del maligno; o si lo que le están comunicando es verdad o chisme. Desafortunadamente hay predicadores que solo tienen el título, pero en su vida no hay oración, lectura constante de la Biblia, y mucho menos ayuno; estos predicadores, cualquier cosa los puede mover. Sus predicaciones de algunos de ellos se basan en los chismes y habladurías de otros. ¿De que más pueden predicar si la Palabra de Dios no está en ellos? Otros, imitan a otros predicadores.

Pudieran haber empezado bien su ministerio; pero, si uno se descuida de orar, leer la Biblia, y ayunar, es donde viene el problema; el desánimo llega, cualquier cosita le parece mal, en vez de reprender a alguien por chismes o contiendas, lo apoya. Es triste mirar ministros, que por haberse creído del enemigo, ahora viven una vida vacía, sin la presencia de Dios.

Dice la Palabra de Dios que el Espíritu de Jehová estaba sobre Sansón. Pero por haberse descuidado y confiar en personas que no lo querían, vino su derrota:

"Y el Espíritu de Jehová vino sobre Sansón, quien despedazó al león como quien despedaza un cabrito, sin tener nada en su mano; y no declaró ni a su padre ni a su madre lo que había hecho". Jueces 14:6

"Y le dijo: ¡Sansón, los filisteos sobre ti! Y luego que despertó él de su sueño, se dijo: Esta vez saldré como las otras y me escaparé. Pero él no sabía que Jehová ya se había apartado de él. 21 Más los filisteos le echaron mano, y le sacaron los ojos, y le llevaron a Gaza; y le ataron con cadenas para que moliese en la cárcel". Jueces 16:20-21

Realmente hay predicadores o personas que se dicen ser "siervos de Dios Altísimo", pero que sólo son charlatanes, la gracia de Dios les permite predicar y hasta hacer milagros; pero, si están viviendo una vida doble, va a llegar el momento donde no van a poder escapar del enemigo, así como le paso a Sansón; él se estaba burlando de Jehová de los ejércitos, y muchas veces había salido ileso; pero una de esas veces cayó, porque compartió su secreto del origen de su fuerza, y de esta manera fue presa fácil para el enemigo; terminó encadenado, en la cárcel, y sirviendo a sus burladores.

Que no nos pase eso a nosotros. Necesitamos vivir una vida consagrada a Dios y servirle con temor y temblor. Necesitamos la unción del Espíritu Santo para poder vencer las tentaciones en este mundo, y poder llevar la Palabra del Señor a todo aquel que lo necesita.

El mismo Dios encarnado obedeció su propósito y lo cumplió. Su propósito más grande de Él, era morir por el pecador, y así nosotros tener acceso a su salvación:

"Porque de tal manera amó Dios al mundo, que ha dado a su Hijo unigénito, para que todo aquel que en él cree, no se pierda, mas tenga vida eterna. 17 Porque no envió Dios a su Hijo al mundo para condenar al mundo, sino para que el mundo sea salvo por Él". Juan 3:16-17.

Este es el propósito de Dios, salvar a la humanidad de la ira venidera. El Señor Jesús vino a ponernos el ejemplo, Él se bautizó, recibió la unción y empezó a predicar; de esa manera quiere que nosotros nos conduzcamos, y su mandato es: Ir por todo el mundo y predicar el evangelio, o sea, las buenas nuevas de salvación. "Y les dijo: Id *por todo el mundo y predicad el evangelio a toda criatura.16 El que creyere y fuere bautizado, será salvo; mas el que no creyere, será condenado".* Marcos 16:15-16

3. ME HA ENVIADO A SANAR A LOS QUEBRANTADOS DE CORAZON

El que sana es Dios. Uno solamente es un instrumento en sus manos. Jesús vino a esta tierra a dejarnos su ejemplo; y por medio de su ejemplo, Él quería que sus siervos hicieran lo mismo, siguiendo sus pisadas, para Él cumplir su propósito en esta tierra. Les enseñó a orar, a predicar, a evangelizar, etcétera. No hubo algo que Jesús no les enseñara, y después mandarlos a la práctica.

A Dios le duele lo que usted está pasando en este momento, y Él quiere ayudarlo; solo falta que usted le dé el permiso para hacerlo. Jesús es muy caballeroso; Él toca la puerta de nuestro corazón, de nosotros depende si queremos abrirla o no. "He aquí, yo *estoy a la puerta y llamo; si alguno oye mi voz y abre la puerta, entraré a él, y cenaré con él, y él conmigo".* Apocalipsis 3:20 Cuando usted le abre la puerta al Señor Todopoderoso, Él está dispuesto a sanar su corazón, a quitar toda amargura y resentimiento que haya allí.

Mucha gente, tiene enfermedades que la ciencia médica no les encuentra cura; pero cuando conocen de Cristo y perdonan a los que les ofenden, de manera sobrenatural se mira como sus vidas cambian, y como su salud es restablecida. El perdón es algo tan poderoso que si lo practicamos, nos vamos a dar cuenta como nuestro corazón y nuestra vida física, son sanados.

Por medio del perdón de pecados hay sanidad. Le trajeron a Jesús un paralítico, la Biblia no relata si era de nacimiento; solo relata que entre cuatro personas lo cargaban y lo llevaban ante Jesús. "Y sucedió que le *trajeron un paralítico, tendido sobre una cama; y al ver Jesús la fe de ellos, dijo al paralítico: Ten ánimo, hijo; tus pecados te son perdonados". Mateo 9:2*

Nos damos cuenta en este versículo, que el enfermo no tenía fe; el enfermo estaba desanimado. No sabemos que lo llevó a esa situación, pero lo que sí sabemos, es que sus cuatro amigos o parientes, lo llevaron al lugar correcto. Jesús no reprendió a la enfermedad, ni tampoco oró para que fuera sanado. Él, simplemente le dijo: **"Ten ánimo, hijo, tus pecados te son perdonados".**

En esta vida mucha gente anda vagando sin Dios, sin esperanza, con muchos problemas internos que los llevan a desanimarse de esta vida, y no tener fuerzas para seguir viviendo. En este paralítico había un desánimo muy grande y ¿qué cree que lleva a eso? Nada más y nada menos que la depresión. Pero Jesús que es tan misericordiosos y conoce nuestros pensamientos, sabía realmente lo que le estaba pasando, y sabía que la raíz de su problema no era físico, sino interior.

Había pecado oculto en él que nunca había confesado, o que nunca se había arrepentido; pero que hermoso, cuando Jesús viene a nuestras vidas, no recrimina, (como nosotros los seres humanos solemos hacer), solamente le dijo: ten ánimo, tus pecados te son perdonados. Y ¿que aconteció después?

"Pues para que sepáis que el Hijo del Hombre tiene potestad en la tierra para perdonar pecados (dice entonces al paralítico): Levántate, toma tu cama, y vete a tu casa. 7 Entonces él se levantó y se fue a su casa". Mateo 9:6-7

Dios lo perdonó, y él se fue sano y feliz cargando su propia camilla, donde él mismo había sido llevado. Jesús todavía sigue sanando, para Él no hay enfermedad tan pequeña o tan grande que no pueda solucionar; Él es el Todopoderoso, solo basta que alguien crea por ti y te lleve al lugar correcto para ser sanado. O mejor aún, tú puedes ir directamente a Él.

Quiero relatarle el testimonio de la hermana Sonia. Ella cayó en cama muy grave en el hospital; no le pudieron ayudar, porque no le encontraban nada físicamente anormal; no se podía mover, y su cuerpo estaba descontrolado con hemorragias, y aparte no podía hablar. Llamaron a su pastor para que orara por ella, y cuando el pastor estaba orando, Dios le mostró que ella tenía rencor en su corazón, la hermana esposa del pastor, le puso su mano en el pecho (hacia el lado izquierdo, donde se encuentra el corazón), y empezaron a orar por ella, por sanidad de su corazón; ellos terminaron de clamar al Señor, y se fueron. La hermana después dio su testimonio, que después que ellos se marcharon, ella empezó a llorar como nunca, como una niña chiquita con llanto. Perdonó a su padre, el cual le había hecho mucho daño, y ella sanó de su herida interior; y por consecuencia, se recuperó rápidamente de su situación física. Hay esperanza en Jesús.

Cuando uno viene al camino del Señor, muchas veces uno piensa (porque yo lo pensé); que todos los problemas y circunstancias del pasado, van a ser sanadas al instante que uno acepta a Cristo y se bautiza. Déjeme decirle que eso no pasa. Uno tiene que buscar esa sanidad por medio de la Palabra de Dios, consejería, oración; y claro poniendo uno de su parte, nada llega en charola de plata, o como acto de magia, todo cuesta en esta vida. Mire lo que dice: "El bautismo *que corresponde a esto ahora nos salva (no quitando las inmundicias de la carne, sino como la aspiración de una buena conciencia hacia Dios) por la resurrección de Jesucristo". 1 Pedro 3:21* Después de entregarnos a Cristo, nosotros tenemos que buscar esa sanidad, o dejar esas malas costumbres; la palabra "aspiración" significa: "Deseo intenso de conseguir una cosa que se considera muy importante".[35] Así, de esa manera, Dios quiere que tengamos ese deseo de conseguir esa sanidad o liberación. Hay hermanos que dicen: "Usted no me diga como conducirme, deje que Dios me hable a mí; que Él trate conmigo"; con todo respeto, eso es rebeldía, porque

---

[35] Diccionario Oxford languages

109

por eso el Señor instituyó lideres para que nos guiaran. Pero, si así lo quiere la persona, así va a ser; Dios va a tratar directamente con ellos. Solo agárrese, porque Dios es misericordioso; pero también fuego consumidor. Y no crea, que quiero asustarlo con esto; no; al contrario, quisiera evitarle algunos sufrimientos, que por causa de nuestra rebeldía, se presentan.

4. A PREGONAR LIBERTAD A LOS CAUTIVOS, Y VISTA A LOS CIEGOS

"Y cuando salió Él de la barca, en seguida vino a su encuentro, de los sepulcros, un hombre con un espíritu inmundo, 3 que tenía su morada en los sepulcros, y nadie podía atarle, ni aun con cadenas". Marcos 5:2-3

El gadareno. Este hombre estaba cautivo por muchos demonios, en realidad era una legión. 'Una legión constituía de 5,000 a 6200 soldados".[36] quiere decir que 6000 o más demonios habían en él.

La Biblia relata que nada lo detenía; lo ataban con cadenas y grillos, y los hacía pedazos fácilmente. ¿Le ha tocado mirar a alguien en esa condición? La gente le tenía miedo, y era obvio, porque no estaba en sus cabales; sino, que, esos demonios eran los que lo dominaban. Pero, con ese propósito apareció Jesús en ese lugar, Él no fue allí solo por casualidad, Jesús ya sabía que iba a liberar a alguien. Los demonios conocían muy bien a Jesús, ellos sabían que Él tenía el poder para sacarlos y mandarlos al abismo (porque dice la Biblia que ellos le rogaban que no los mandase allá).

Jesús ordenó a los demonios que salieran de él, e inmediatamente lo hicieron. Jesús tenía la autoridad para liberar. Déjeme decirle que esa autoridad todavía existe, el Espíritu Santo sigue trabajando en estos tiempos, y está dispuesto a trabajar por medio del que esté dispuesto a pagar el precio. Este poder no se obtiene sólo por un deseo; sino, que uno necesita estar en constante comunicación con

---

[36] Nuevo Diccionario Bíblico Ilustrado Ed. Clie 1985, por Vila Escuain pág. 664

el Todopoderoso. Necesita estar lleno de la presencia de Dios para que Él le confíe sus dones.

Esta es la causa, por la que no se miran muchos milagros, liberaciones, sanidades y prodigios en estos tiempos; la gente quiere las bendiciones, pero no quieren pagar el precio. ¿Cómo vas a tener algo que no te ha costado? Realmente no va a ser apreciado igual como cuando te cuesta.

El precio que Dios pide es fidelidad, y tiempo con Él en oración; ayuno y lectura de su Palabra; de otra manera, no puede usted conocer al Creador de la vida. Si Dios lo está llamando a servirle, hágalo con excelencia, dele lo mejor; Él no escatimó mandar a su hijo a morir por la humanidad para nosotros alcanzar salvación. De esa manera, usted tampoco escatime servirle y agradecerle por esa salvación tan grande que le ha dado, gracias a su muerte en la cruz.

Jesús liberó al gadareno de la opresión de esos demonios. Y le cuento que Jesús sigue liberando en estos tiempos; Él sigue usando a sus siervos para hacerlo. Los mismos demonios saben quién está ungido y preparado para ser usado en ese aspecto; porque esa preparación es espiritual; eso se mira por dentro. Uno como humano, en ocasiones no puede percibirlo; pero un domino si puede percibir si usted está preparado o no. Así dice la Palabra de Dios: "Vienen a *Jesús, y ven al que había sido atormentado del demonio, y que había tenido la legión, sentado, vestido y en su juicio cabal; y tuvieron miedo". Marcos 5:15*

Los demonios pueden avergonzar a hermanos que no están preparados. Hay personas charlatanas que solo para llamar la atención quieren orar por alguien endemoniado; pero en vez de liberarlos con el poder de Jesucristo, el demonio se ríe de ellos y los deja avergonzados. Tengamos cuidado, esto no es un juego. Mire lo que les pasó a estos hombres:

111

"Pero algunos de los judíos, exorcistas ambulantes, intentaron invocar el nombre del Señor Jesús sobre los que tenían espíritus malos, diciendo: Os conjuro por Jesús, el que predica Pablo. 14 Había siete hijos de un tal Esceva, judío, jefe de los sacerdotes, que hacían esto. 15 Pero respondiendo el espíritu malo, dijo: A Jesús conozco, y sé quién es Pablo; pero vosotros, ¿quiénes sois? 16 Y el hombre en quien estaba el espíritu malo, saltando sobre ellos y dominándolos, pudo más que ellos, de tal manera que huyeron de aquella casa, desnudos y heridos. 17 Y esto fue notorio a todos los que habitaban en Éfeso, así judíos como griegos; y tuvieron temor todos ellos, y era magnificado el nombre del Señor Jesús".
Hechos 19:13-17

Jesús como humano, tuvo su preparación; Él oraba todos los días en las madrugadas, y en ocasiones toda la noche; se preparó en ayuno; y por supuesto, conocía toda la Escritura y la vivía. Y es lo que debemos hacer nosotros como siervos de Él.

Bartimeo recobró la vista. Este hombre recibió dos milagros a la vez.

"Entonces vinieron a Jericó; y al salir de Jericó Él y sus discípulos y una gran multitud, Bartimeo el ciego, hijo de Timeo, estaba sentado junto al camino mendigando. 47 Y oyendo que era Jesús nazareno, comenzó a dar voces y a decir: ¡Jesús, Hijo de David, ten misericordia de mí! 48 Y muchos le reprendían para que callase, pero él clamaba mucho más: ¡Hijo de David, ten misericordia de mí! 49 Entonces Jesús, deteniéndose, mandó llamarle; y llamaron al ciego, diciéndole: Ten confianza; levántate, te llama. 50 Él entonces, arrojando su capa, se levantó y vino a Jesús. 51 Respondiendo Jesús, le dijo: ¿Qué quieres que te haga? Y el ciego le dijo: Maestro, que recobre la vista. 52 Y Jesús le

dijo: Vete, tu fe te ha salvado. Y en seguida recobró la vista, y seguía a Jesús en el camino". Marcos 10:46-52

Bartimeo estaba junto al camino; como muchos hoy en día. Conocen del Señor, pero se han salido del camino; y al salirse del camino, se produce una ceguera espiritual. Bartimeo le pidió a Jesús que quería recobrar la vista. Quiere decir que no era ciego de nacimiento, algo hizo que él la perdiera. Jesús le dijo, vete, tu fe te ha salvado. Jesús no necesitó orar por él, simplemente dijo la Palabra, y Bartimeo creyó y volvió al camino. Mi hermano y amigo, el camino es Jesucristo, Bartimeo andaba junto al camino, y su ceguera espiritual no le permitía volver; Necesitaba a Jesús para que Él quitara su ceguera, y ahora si andar en el camino. En el camino hay salvación, sanidad, perdón de pecados, liberación y restauración.

Si te has alejado del camino, clama a Jesús como Bartimeo lo hacía, el gritaba: ¡Jesús, hijo de David, ten misericordia de mí! la gente se burlaba de él, y le decía que no lo molestara; pero él aún más clamaba, porque creía que solo Jesús podía sacarle de esa ceguera en la que se encontraba. Porque su ceguera, era tanto espiritual como física.

Hay tantos relatos en la Biblia acerca de liberaciones y sanidades que Jesús hacía. Solo quiero compartirle unas de ellas; y quiero decirle que Jesús sigue abriendo los ojos de muchos, en la actualidad; y sigue liberando. Todos los que recibieron su sanidad o liberación, fueron y lo buscaron para obtenerla; así nosotros, también necesitamos buscarle para obtener nuestro milagro.

Ahora ya no lo podemos buscar físicamente, pero si podemos buscarlo espiritualmente, en oración, leyendo su Palabra, y en ayuno. Le invito a que le busque, Él le está esperando con los brazos abiertos para perdonarle, liberarle, sanar su corazón y restaurar su alma. Jesús a ninguno le negó un milagro, Él a eso vino. El que no recibió milagro, fue porque no se acercó a Él y le creyó.

Aun la mujer sirofenicia obtuvo su milagro. Cuando ella se enteró que Jesús estaba en su región, fue a su encuentro para pedirle que le ayudara con su hija. Su hija era atormentada por un demonio. Este es uno de los casos que he leído en la Palabra de Dios, donde Jesús no quería hacer el milagro a esta mujer. Él la humilló y la despreció; pero aun así, ella no se dio por vencida; lo siguió hasta que consiguió su milagro. Ella creía que Jesús era su única opción, y que Él, le podía hacer su milagro. Después que Jesús liberó a su hija del tormento del demonio, Él mismo la alabó y reconoció su fe.

"Saliendo Jesús de allí, se fue a la región de Tiro y de Sidón. 22 Y he aquí una mujer cananea que había salido de aquella región clamaba, diciéndole: ¡Señor, Hijo de David, ten misericordia de mí! Mi hija es gravemente atormentada por un demonio. 23 Pero Jesús no le respondió palabra. Entonces acercándose sus discípulos, le rogaron, diciendo: Despídela, pues da voces tras nosotros. 24 Él respondiendo, dijo: No soy enviado sino a las ovejas perdidas de la casa de Israel. 25 Entonces ella vino y se postro ante Él, diciendo: ¡Señor, socórreme! 26 Respondiendo Él, dijo: No está bien tomar el pan de los hijos y echarlo a los perrillos. 27 Y ella dijo: Si, Señor; pero aun los perrillos comen de las migajas que caen de la mesa de los amos. 28 Entonces respondiendo Jesús, dijo: Oh mujer, grande es tu fe; hágase contigo como quieres. Y su hija fue sanada desde aquella hora". Mateo 15:21-28

Había escribas, fariseos, saduceos, maestros de la ley, que solo se dedicaban a atacarlo o buscar errores en Él para destruirlo. ¿Usted cree que alguno de ellos no tenía alguna enfermedad? Yo me imagino que sí. Pero su orgullo los había cegado para que no creyeran. En realidad ellos se perdieron la bendición.

Hay algunos hermanos que dicen: "Dios a mí no me ha sanado, o no me ha contestado mi petición, tengo mucho pidiéndole lo mismo, yo creo que Él no me quiere". Hermano mío, si estás en el camino, es porque Dios te sanó de la ceguera espiritual, te liberó del pecado que te encontrabas, te da el poder para vencer cada día de las asechanzas del maligno. Dios obra en nosotros cada día si le permitimos, Él es caballeroso, si no le abrimos nuestro corazón, Él no entra. Había cadenas y ligaduras en tu vida que fueron cortadas por el poder de Jesucristo, había yugos de esclavitud del pecado que fueron podridos por causa de la unción, ¿todavía crees que Dios no ha hecho nada en tu vida?

Lo principal que Dios quiere sanar en tu vida, es tu corazón; desafortunadamente hay hijos de Dios que no quieren sacar el resentimiento, la falta de perdón y el odio de su corazón. En Cristo somos nuevas criaturas, dejemos que Dios nos limpie de adentro para sanar de afuera. "De modo que si *alguno está en Cristo, nueva criatura es; las cosas viejas pasaron; he aquí todas son hechas nuevas". 2 Corintios 5:17* Debemos dejar la criatura vieja para obtener la nueva en Cristo.

5. A PONER EN LIBERTAD A LOS OPRIMIDOS

Según el diccionario, *oprimir* significa: "Ejercer presión sobre algo, producir agobio o desasosiego grave a alguien. Someter a una persona, a una nación, a un pueblo, etc., dejándolos, humillándolos o tiranizándolos".[37]

"Me volví y vi todas las violencias que se hacen debajo del sol; y he aquí las lágrimas de los oprimidos, sin tener quien los consuele; y la fuerza estaba en la mano de sus opresores, y para ellos no había consolador". Eclesiastés 4:1

Un ejemplo muy notable de opresión, fue el pueblo de Israel, cuando estuvo en Egipto. La Palabra de Dios dice que los estuvieron oprimiendo por cuatrocientos años. "Y le dijo Dios *así: Que su descendencia seria extranjera en tierra ajena, y que los reducirían a servidumbre y los maltratarían, por cuatrocientos* años". Hechos

---

[37] Diccionario Real Academia Española.

6:7 También dice la Palabra de Dios: "El clamor, *pues, de los hijos de Israel ha venido delante de mí, y también he visto la opresión con que los egipcios los oprimen". Éxodo 3:9*

El pueblo de Israel era esclavo en la tierra de Egipto; por lo tanto, la opresión era de continuo; tenían que cumplir ciertas tareas al final del día; sino eran cumplidas, podían ser azotados y por su puesto maltratados. Un oprimido está sometido al maltrato, humillación o tiranía de alguien. Así estaba el pueblo de Israel. La mayoría de ellos eran de nacimiento egipcio, pero de sangre hebrea; pero al faraón no le importaba que fueran ciudadanos de ese país, él lo único que miraba, era que se estaban multiplicando en gran manera, y que eran una amenaza para su país. Así que decidió someter en esclavitud a todos los hebreos.

José, antes de morir, había profetizado que su pueblo iba a estar en la esclavitud; pero que Dios los visitaría, y los llevaría a la tierra prometida. Mientras tanto, tuvieron que soportar el yugo de esclavitud de parte de Egipto. Dice la Biblia que Jehová los sacó con mano fuerte. El faraón era muy poderoso, pero más poderoso es Jehová de los ejércitos. Así que usó los propios dioses del pueblo de Egipto para destruirlos. Cada plaga era un dios de ellos que Jehová usaba en su contra para irlos destruyendo.

"Las plagas fueron infligidas por Dios sobre Egipto para librar a su pueblo de Israel, sufriendo allí la esclavitud, para exhibir ante los egipcios su gran poder en redención, y para mostrarles que todos los elementos de la creación estaban bajo su autoridad".[38]

Dios hubiera podido sacarlos sin tener que haber usado esa estrategia; pero Él quería que los hebreos miraran su poder, creyeran en Él, y que aún los egipcios admiraran su poder, y autoridad; y por medio de eso, quedaran despojados de sus pertenencias. Jehová los liberó de la opresión de su enemigo Egipto.

[38] Nuevo Diccionario Bíblico Ilustrado Ed. Clie 1985, por Vila Escuain pág. 941

"Entonces Jehová dijo a Abram: Ten por cierto que tu descendencia morará en tierra ajena, y será esclava allí, y será oprimida cuatrocientos años. 14 Más también a la nación a la cual servirán, juzgaré yo; y después de esto saldrán con gran riqueza". Génesis 15:13-14

"Cada uno de estos milagros tenía un fin preciso, demostrando que no se trataba de fuerzas desencadenadas de la naturaleza. Por mucho que las 9 primeras plagas pudieran asimilar a fenómenos naturales, Dios las controló y las usó para sus designios. Las plagas aparecieron en un cortejo consecutivo; existe una relación lógica, pero no de causa y efecto, entre cada plaga y la siguiente. Son graduales y demuestran a Faraón, desde el comienzo, que la autoridad de Moisés es de origen divino. Por otra parte, no infligen a los egipcios sufrimiento inútiles. Después que Faraón rehúsa dejar salir a los hebreos, las plagas se hacen más y más gravosas, obligándole al final a capitular a pesar de su corazón endurecido. a) Además, una diferencia sobrenatural quedó marcada entre el pueblo de Dios y los egipcios (Ex. 8:22, 23; 9:4 etc.) Una epidemia hubiera podido dejar sin vida, en una sola noche, a una gran cantidad de egipcios, pero la décima plaga actuó metódicamente y no puede en manera alguna explicarse como un mero fenómeno natural. Se trató de una acción directa de Dios, no de muertes fortuitas, ya que solo murió el primogénito de cada familia egipcia. Estas señales prodigiosas constituyen el primer grupo de milagros registrados en las Escrituras".[39]

Hermano y amigo querido, Dios liberó al pueblo de Israel de la opresión de sus enemigos; así Dios quiere liberarte de la opresión del enemigo de tu alma. Si sientes que ya no puedes más, con ese yugo de esclavitud del pecado, y esa opresión del enemigo y demonios, ven a Cristo; Él es experto en liberar a los oprimidos.

[39] Nuevo Diccionario Bíblico Ilustrado Ed. Clie 1985, por Vila Escuain pág. 294

117

Hay mujeres que han sido humilladas y ultrajadas por sus parejas (porque muchas veces ni esposos son), Dios no nos llamó a ser esclavos de los agresores, busque ayuda, hay muchas agencias donde brindan ayuda, y es gratis, no tiene que pagar nada. También hay ayuda para ellos si realmente quieren cambiar.

Muchas piensan: ¡fui muy desobediente con mis padres, ellos ya me habían advertido que no me fuera de la casa y los desobedecí! ¡Por eso me merezco vivir así! aunque haya hecho eso, usted no es la indicada en imponerse castigo sobre otro castigo. Ante los ojos de Dios, usted vale mucho; más de lo que se imagina. Jesús pagó un precio muy alto por usted y por mí en la cruz del calvario. No desprecie esa salvación tan grande. Por favor busque ayuda.

Algunas personas, ante la sociedad, no valen nada; pero ante Dios valen mucho. Si para su conyugue o pareja usted no vale nada, déjeme decirle que Dios la ama, y por medio de su Palabra quiere enseñarle como esa autoestima mejora a la normalidad. Todos merecemos respeto; y Jesús a eso vino también, a ayudar a esas mujeres oprimidas que sienten que no valen nada.

Yo soy promotora en contra de la violencia, de East Los Angeles Women Center, ELAWC (por sus siglas en inglés), allí somos voluntaria en contra de la violencia doméstica, abuso sexual, acecho, y problemas entre parejas jóvenes. Trabajamos en campañas, yendo a ferias, ofreciendo recursos para el oprimido, damos charlas asesorando a la comunidad, dejándoles saber que no están solos (a), y que con los recursos que ofrece la agencia, hay esperanza para toda la familia. Nosotros ofrecemos la ayuda, pero de ellos depende si quieren tomar ventaja de ella. Ellos tienen que pedirla. Así Dios, Él ofrece la ayuda, pero nosotros tenemos que ir a Él a pedirla.

6. A PREDICAR EL AÑO AGRADABLE DEL SEÑOR

Jesús, fue ungido para todo esto, sin excepción alguna. Toda esta profecía se cumplió en Él. Ésta profecía fue escrita aproximadamente en 701-681 a de C., y dice así:

"El Espíritu *de Jehová el Señor está sobre mí, porque me ungió Jehová; me ha enviado a predicar buenas nuevas a los abatidos, a vendar a los quebrantados de corazón, a publicar libertad a los cautivos, y a los presos apertura de la cárcel".*
Isaias 61:1

Dios mira las cosas, como si ya hayan sido hechas; como dice el doctor David Dimond *"Para Dios el futuro es historia",* en su libro: Historia del futuro. No hay algo, que Dios no sepa, Él creó todo, a Él nadie lo puede engañar. Estamos en el tiempo donde se predica la Palabra de Dios por donde sea, y en donde sea. Esta dispensación se le llama "gracia" Dios no pide más sacrificios de animales para perdón de pecados, ahora pide el corazón; ahora nuestro sacrificio es vivo, santo y agradable al Señor. "Así, que hermanos, *os ruego por las misericordias de Dios, que presentéis vuestros cuerpos en sacrificio vivo, santo, agradable a Dios, que es vuestro culto racional".*
Romanos 12:1

La manera, en la cual podemos sacrificar nuestro cuerpo, es dando nuestro tiempo a Dios. Nosotros podemos predicar ese año agradable del Señor, ya no necesita uno judaizarse para pertenecer al pueblo de Dios; ahora solo lo aceptamos como nuestro único y suficiente salvador, y se bautiza en el nombre de Jesucristo para perdón de sus pecados, recibe el don del Espíritu Santo, y ahora sí; a predicar el año agradable del Señor, que son las buenas nuevas de gozo, las que nos traen la salvación a nuestras almas.

"Pedro les dijo: *Arrepentíos, y bautícese cada uno de vosotros en el nombre de Jesucristo para perdón de los pecados; y recibiréis el don del Espíritu Santo. 39 Porque para vosotros es la promesa, y para vuestros hijos, y para todos los que*

están lejos; para cuantos el Señor nuestro Dios llamare".
Hechos 2:38-39

¡HE AQUÍ EL DÍA DE SALVACIÓN!

"Porque dice: En tiempo aceptable te he oído, y en día de salvación te he socorrido. He aquí ahora el tiempo aceptable; he aquí ahora el día de salvación". 2 Corintios 6:2 El día de salvación es ahora, no te detengas, Cristo te está llamando; Él necesita obreros que le sirvan, y que prediquen su Palabra; esas buenas nuevas de salvación, o sea, el año agradable del Señor.

Que hermoso es poder tener entrada ante la presencia del Señor, con el simple hecho de doblar nuestras rodillas, cerrar nuestros ojos y empezar a glorificar a Dios de esta manera: Tú eres Santo, bendito Jesús, eres eterno, hermoso, bondadoso, misericordioso, clemente, tardo para la ira, y grande en misericordia (y así sucesivamente); porque Él se lo merece, no hay nadie como Él. Cristo es bendito por los siglos de los siglos; fuera de Él, no hay quien salve. *"Y en ningún otro hay salvación; porque no hay otro nombre bajo el cielo, dado a los hombres, en que podamos ser salvos". Hechos 4:12* AMEN. No hay otro en quien podamos ser salvos, he aquí el día de salvación, el día perfecto para entregarle tu vida al Señor.

Quiero decirte que no tengas miedo entregarle tu vida al Señor, muchos no lo hacen por temor a fallarle; en realidad, nadie somos perfectos; cada día experimentamos una lucha constante en contra del enemigo; pero si nos agarramos de la mano del Señor, saldremos victoriosos. Si ya eres parte del cuerpo de Cristo, ya no estás solo, Jesucristo pelea las batallas por ti. Cuando uno se convierte a Cristo, y le sirve, te conviertes en un guerrero para Él; solo que éstas luchas se pelean de rodillas, y ¿Cómo es eso? Déjeme decirle que cuando uno ora, está derribando huestes de maldad en las regiones celestes, por eso a muchas personas, y a aún cristianos, sienten que no pueden orar ni 15 minutos. La oración es un hábito que debemos hacer todos los días, y así de esa manera cuando menos se lo espera, se va a convertir en un deleite. Y, si, por algún motivo, se le pasa orar un día; va a sentir que le falta algo.

Si uno como cristiano, se dispusiera a orar por lo menos una hora al día, tendría una vida de victoria en victoria; habría discernimiento en su vida, el Señor le encomendaría varias tareas; pero lo más importante, ¿qué cree? ¡Va a experimentar este texto en su vida!:

"El Espíritu del *Señor está sobre mí, Por cuanto me ha ungido para dar buenas nuevas a los pobres; Me ha enviado a sanar a los quebrantados de corazón; A pregonar libertad a los cautivos, Y vista a los ciegos; A poner en libertad a los oprimidos; 19 A predicar el año agradable del Señor". Lucas 4:18-19*

En realidad va a poder cumplir el mandato que Jesús nos dejó a todos:

"Y les dijo: *Id por todo el mundo y predicad el evangelio a toda criatura. 16 El que creyere y fuere bautizado, será salvo; mas el que no creyere, será condenado. 17 Y estas señales seguirán a los que creen: En mi nombre echarán fuera demonios; hablarán nuevas lenguas; 18 tomarán en las manos serpientes, y si bebieren cosa mortífera, no les hará daño; sobre los enfermos pondrán sus manos, y sanarán". Marcos 16:15-18*

Pero esto, solo se obtiene con oración, leyendo la Biblia y ayunando. Estos tres elementos son indispensables para vivir una vida victoriosa en Cristo.

1. Oración: Te lleva ante la presencia del Señor, a tener comunicación directa con el Padre. Es como hablar con tu mejor amigo, y contarle cómo te sientes; Él tiene el poder para quitar toda ansiedad, preocupación, tristeza, enfermedad, dolor, cualquier cosa; claro, si lo puedes creer, y si es la voluntad de Él hacerlo.

"Por nada estaréis afanosos, sino sean conocidas vuestras peticiones delante de Dios en toda oración y ruego, con acción de gracias. 7 Y la paz de Dios, que sobrepasa todo entendimiento, guardará vuestros corazones y vuestros pensamientos en Cristo Jesús". Filipenses 4:6-7

Si oras y le dejas todas tus cargas a Él, Jesús las toma y usted ya no tiene que preocuparse por ellas; toma tiempo asimilarlo; pero, si se puede lograr. Ejemplo: eso no significa que si le está pidiendo un trabajo, no va a ir a buscarlo; solo quiere decir que al entregarle sus peticiones a Dios, usted va a liberarse de toda preocupación. La Biblia también nos exhorta a que oremos constantemente. "Orad sin cesar". 1 Tesalonicenses 5:17 Es un versículo muy pequeño, pero lo que dice es poderoso; siempre y cuando lo pongamos por obra.

2. **Leer la biblia:** Te lleva a escuchar a Dios. La Biblia es la Palabra de Dios. Entre más la lees, más conoces a Dios, más te habla a tu necesidad. La diferencia entre la oración y leer la biblia es: Cuando usted ora, está hablando con Dios; pero cuando usted lee la Biblia, Dios habla con usted.

"Nunca se apartará de tu boca este libro de la ley, sino que de día y de noche meditarás en él, para que guardes y hagas conforme a todo lo que en él está escrito; porque entonces harás prosperar tu camino, y todo te saldrá bien". Josué 1:8

Al usted leer la Biblia, conoce más a Dios, y no solo eso, sino que conoce cada promesa escrita allí, que le va a servir para contrarrestar en su vida el desánimo, malos pensamientos, soledad, miedo, etc.

3. **Ayunar:** Te lleva a humillar tu cuerpo. En el Antiguo Testamento dice: que hacían clamor y ayuno, colocaban ceniza en su cuerpo, para que su sacrificio fuera aún más intenso, y dejaban de atender

sus labores para estar en constante oración y clamor. El ayunar implica abstenerse de alimentos u otras cosas, (depende el ayuno que usted haya propuesto en su corazón); con el ayuno le dices a tu carne que no le vas a dar lo que se le antoja en ese día, porque te vas a guardar para el Señor; el ayunar produce fe; no significa que vas a hacer un intercambio con Dios por una petición que tengas; pero esa humillación te permite estar más en la presencia del Señor y obtener fe para recibir tu milagro. La Biblia dice:

"Pero tú, *cuando ayunes, unge tu cabeza y lava tu rostro, 18 para no mostrar a los hombres que ayunas, sino a tu Padre que está en secreto; y tu Padre que ve en lo secreto te recompensará en público". Mateo 6:17-18*

"Y volví mi rostro a Dios el Señor, buscándole en oración y ruego, en ayuno, cilicio y ceniza". Daniel 3:9

Para tener un cuerpo físico sano, necesitamos alimentarlo bien; pero no con comida chatarra, también implica hacer ejercicio y pensar positivamente. De esa manera estaremos sanos. De igual manera, para tener una buena salud espiritual, necesitamos estos tres elementos en nosotros: la oración, leer la Biblia y ayunar. Si usted no puede ayunar por motivo de salud, y requiere tomar sus medicamentos, puede buscar otras alternativas en el ayuno. Pero lo más importante es orar y leer la Palabra de Dios.

CAPITULO 6

HAY VICTORIA EN CRISTO JESUS

EL REY DAVID

Antes de tener una victoria, hubo una batalla que pelear, así pasó con el rey David, tuvo muchas batallas que pelar, para llegar a la victoria.

Muchas de las batallas, que David peleaba, eran sobrenaturales. Cuando Jehová habló al profeta Samuel, le mando que fuese a ungir al nuevo rey. Samuel se llevó una sorpresa muy grande; porque de todos los hijos de Isaí, David era el más pequeño, el más insignificante (al ojo humano), el que se encargaba de las ovejas. Los más robustos de sus hermanos se iban a luchar a la guerra, a defender al pueblo de Israel.

"Y Samuel tomó *el cuerno del aceite, y lo ungió en medio de sus hermanos; y desde aquel día en adelante el Espíritu de Jehová vino sobre David. Se levantó luego Samuel, y se volvió a Ramá".* 1 Samuel 16:13

Desde el momento que David fue ungido, el Espíritu de Jehová vino sobre él. Tener la presencia de Dios en nuestras vidas es algo maravilloso. Desde ese momento David ya no peleaba sus batallas solo; porque la presencia de Jehová estaba sobre él. David llegó a matar osos, leones, o cualquier depredador que fuera amenaza para sus ovejas. Dios lo tenía cuidando ovejas, porque lo estaba preparando para que cuidará de sus ovejas humanas, siendo rey de Israel. Pero todo tiene un proceso, el hecho de que haya sido ungido como tal, no significaba que ya iba a ser rey en ese momento, sino que Dios lo estaba preparando.

EL SUCESOR

El profeta Samuel, fue el encargado de ungir a David por mandato de Jehová de los ejércitos. Para el profeta Samuel no era fácil ir a ungir a alguien como rey, habiendo ya uno en el trono. El pueblo de Israel solía hacer un rito para ungir al sucesor del trono; tenía que ser un príncipe, hijo del rey anterior; pero en este caso, había un rey que no había fallecido. Entonces, ¿Por qué ungir a otro? Era algo absurdo para Samuel, pero no para Dios.

El rey Saúl, que en ese tiempo se encontraba en el trono, no estaba obedeciendo al mandato del Señor; sino, que prefería obedecer a la voz del pueblo; el profeta Samuel le decía lo que Dios pedía de él, y él rey lo hacía, pero alteraba su mandato.

Dios le pidió que esperara a Samuel para ofrecer holocaustos y ofrendas de paz. "Luego bajarás *delante de mí a Gilgal; entonces descenderé yo a ti para ofrecer holocaustos y ofrendas de paz. Espera siete días, hasta que yo venga a ti y te enseñe lo que has de hacer". 1 Samuel 10:8* La mayoría del tiempo, Dios nos pide esperar. Esperar en Dios puede ser difícil, si no estamos confiando en Él. El rey Saúl no esperó lo suficiente al profeta Samuel; al séptimo día, Saúl se desesperó al mirar que Samuel no llegaba, y él mismo ofreció el holocausto y las ofrendas de paz (algo que no le correspondía). El día aún no había terminado, y en cuanto Saúl había terminado de ofrecer el holocausto, llegó Samuel. Él le prometió llegar, pero, como la confianza de Saúl no estaba en Dios, dudó.

> "Y cuando él acababa *de ofrecer el holocausto, he aquí Samuel que venía; y Saúl salió a recibirle, para saludarle. 11 Entonces Samuel dijo: ¿Qué has hecho? Y Saúl respondió: Porque vi que el pueblo se me desertaba, y que tú no venías dentro del plazo señalado, y que los filisteos estaban reunidos en Micmas, 12 me dije: Ahora descenderán los filisteos contra mí a Gilgal, y yo no he implorado el favor de Jehová. Me esforcé, pues, y ofrecí holocausto". 1 Samuel 13:10-12.*

Dios se decepcionó de él, pero como Dios es misericordioso, le dio otra oportunidad.

> *"Así ha dicho Jehová de los ejércitos: Yo castigaré lo que hizo Amalec a Israel al oponérsele en el camino cuando subía de Egipto. 3 Ve, pues, y hiere a Amalec, y destruye todo lo que tiene, y no te apiades de él; mata a hombres, mujeres, niños, y aun los de pecho, vacas, ovejas, camellos y asnos". 1 Samuel 15:2-3*

Jehová de los ejércitos, mandó a Saúl a destruir a una ciudad, y que destruyera todo, sin excepción alguna. Pero él perdonó a los animales; incluso perdonó al rey de los amalecitas, y no lo mató.

"Y Saúl respondió *a Samuel: Antes bien he obedecido la voz de Jehová, y fui a la misión que Jehová me envió, y he traído a Agag rey de Amalec, y he destruido a los amalecitas. 21 Mas el pueblo tomó del botín ovejas y vacas, las primicias del anatema, para ofrecer sacrificios a Jehová tu Dios en Gilgal".* 1 Samuel 15:20-21

Saúl obedeció a Dios; pero, lo hizo a su manera, dejándose influenciar por su ejército, me puedo imaginar que su ejército le decía: "Su majestad, ¿cómo vamos a matar a estos animales tan gordos y hermosos? ¿No creo que Dios nos valla a castigar porque tomemos esto tan bueno?" Todo eso era algo muy tentativo para el rey Saúl, aunque no lo necesitaran. Y así fue; la tentación le ganó, y volvió con todos los animales a su cuartel.

"Samuel *entonces dijo: ¿Pues qué balido de ovejas y bramido de vacas es este que yo oigo con mis oídos? 15 Y Saúl respondió: De Amalec los han traído; porque el pueblo perdonó lo mejor de las ovejas y de las vacas, para sacrificarlas a Jehová tu Dios, pero lo demás lo destruimos".* 1 Samuel 15:14-15

Dios le podía dar esas ovejas y vacas a Saúl y mucho más; pero, lo que Dios esperaba de Saúl, era su fidelidad, su obediencia; que ningún hombre lo moviera del mandato que Él le había dado. Saúl como rey, podía haber dicho: "el mandato de Jehová de los ejércitos fue que nada quedara con vida" y punto (porque lo que el rey decía, se tenía que llevar a cabo). Pero Saúl dejó que el ejército hiciera lo que mejor le pareciera; y, a causa de esa decisión, su posición en el trono, estaba en fuego.

El rey Saúl le dijo al profeta en el versículo 21 "Jehová tu Dios"; realmente Saúl no lo miraba como su Dios, y al no mirarlo como su Dios, ¿Cómo iba a confiar en Él? El rey Saúl sólo quería el favor de Dios, pero no quería el compromiso de servirle; por eso, cuando se encontraba en problemas, en vez de clamar a Jehová, buscaba lo más fácil; y por consecuencia, no sabía esperar en el Señor.

"Entonces dijo Saúl: Traedme holocausto y ofrendas de paz. Y ofreció el holocausto. 10 Y cuando él acababa de ofrecer el holocausto, he aquí Samuel que venía; y Saúl salió a recibirle, para saludarle. 11 Entonces Samuel dijo: ¿Qué has hecho? Y Saúl respondió: Porque vi que el pueblo se me desertaba, y que tú no venías dentro del plazo señalado, y que los filisteos estaban reunidos en Micmas, 12 me dije: Ahora descenderán los filisteos contra mí a Gilgal, y yo no he implorado el favor de Jehová. Me esforcé, pues, y ofrecí holocausto. 13 Entonces Samuel dijo a Saúl: Locamente has hecho; no guardaste el mandamiento de Jehová tu Dios que él te había ordenado; pues ahora Jehová hubiera confirmado tu reino sobre Israel para siempre. 14 Más ahora tu reino no será duradero. Jehová se ha buscado un varón conforme a su corazón, al cual Jehová ha designado para que sea príncipe sobre su pueblo, por cuanto tú no has guardado lo que Jehová te mandó". 1 Samuel 13:9-14

Jehová de los ejércitos estaba probando la fidelidad de Saúl, pero se encontró reprobado. Saúl sólo quería estar bien con el pueblo; pero con Dios, quería estar bien a su manera. Con Dios no funciona así. De esta manera fue desechado Saúl como rey ante los ojos de Jehová. Él, primero prueba la fidelidad de sus líderes, y sólo cuando pasan la prueba, son confirmados. Necesitamos aprender a esperar en Dios, solo de esa manera vamos a demostrarle a Él nuestra fidelidad. A consecuencia de lo que pasó, alguien más tenía que ocupar su lugar.

"Más ahora tu reino no será duradero. Jehová se ha buscado un varón conforme a su corazón, al cual Jehová ha designado para que sea príncipe sobre su pueblo, por cuanto tú no has guardado lo que Jehová te mandó". 1 Samuel 13:14

¿Dios ha probado tu fidelidad? Si es así, confía en Él, Él tiene el control, y cuando salgas, vas a tener la victoria; y por supuesto, la aprobación de Dios. Confiemos en Él. Cuando Dios prueba la fidelidad de alguien, no siempre te va a alertar.

El significado de *probar* en el diccionario Oxford lenguages, se define de esta manera: "Hacer que una persona realice una acción o ponerla en una situación determinada para saber cómo reacciona o conocer sus cualidades físicas o morales". Dios quiere ver que reacción vamos a tener si por algún momento sentimos que Él nos abandona. Quiere mirar si realmente nuestra confianza está en Él o en algo más. ¿En quién está tu confianza, si eres probado?

EL OLVIDADO

"Dijo Jehová a Samuel: ¿Hasta cuándo llorarás a Saúl, habiéndolo yo desechado para que no reine sobre Israel? Llena tu cuerno de aceite, y ven, te enviaré a Isaí de Belén, porque de sus hijos me he provisto de rey". 1 Samuel 16:1

De entre los hijos de Isaí se encontraba David. El muchacho pastor de ovejas se encontraba en el campo; el profeta Samuel había llamado a Isaí y a sus hijos; pero al parecer, no habían llamado a David; en realidad lo habían olvidado. Samuel miraba a Eliab que era robusto y altos en estatura; a él le parecía que era el indicado para ser ungido como rey, pero Dios que conoce todo:

"Y Jehová respondió a Samuel: No mires a su parecer, ni a lo grande de su estatura, porque yo lo desecho; porque Jehová no mira lo que mira el hombre; pues el hombre mira lo que está delante de sus ojos, pero Jehová mira el corazón". 1 Samuel 16:7

Jehová de los ejércitos estaba buscando a alguien conforme a su corazón, alguien que confiara en Él, no en sus propias fuerzas.

Después que Isaí pasó a sus siete hijos, Jehová no había escogido a ninguno de ellos; ¿Cómo cree que se sentía el profeta Samuel? Dios le había dicho que fuera a ungir el nuevo rey, pero no le había revelado quien era; sino, hasta en el momento en que lo mirara, le iba a ser revelado; pero hasta ese momento ninguno de los presentes, Dios había elegido para ser ungido. Samuel no conocía a los hijos de Isaí, así que no sabía cuántos eran en número. "E hizo *pasar Isaí siete hijos suyos delante de Samuel; pero Samuel dijo a Isaí: Jehová no ha elegido a éstos". 1 Samuel 16:10*

Isaí nunca le declaró al profeta que tenía otro hijo. David era el más pequeño, al parecer no lo tomaban mucho en cuenta.

"Entonces dijo Samuel a Isaí: ¿Son éstos todos tus hijos? Y él respondió: Queda aún el menor, que apacienta las ovejas. Y dijo Samuel a Isaí: Envía por él, porque no nos sentaremos a la mesa hasta que él venga aquí. 12 Envió, pues, por él, y le hizo entrar; y era rubio, hermoso de ojos, y de buen parecer. Entonces Jehová dijo: Levántate y úngelo, porque éste es. 13 Y Samuel tomó el cuerno del aceite, y lo ungió en medio de sus hermanos; y desde aquel día en adelante el Espíritu de Jehová vino sobre David. Se levantó luego Samuel, y se volvió a Ramá". Samuel 16:11-13

El más pequeño y olvidado, fue el ungido. David, tal vez fue olvidado por su padre y hasta por sus hermanos; pero no por Jehová de los ejércitos. No creo que los demás hermanos hayan estado acostados descansando en sus casas, probablemente estaban trabajando también, así que fueron llamados, pero sólo de uno se olvidaron. Quien iba a pensar; que del más pequeño, el que no había sido llamado desde el principio, iba a ser "el ungido".

Si sientes que la gente no te entiende, que se han olvidado de ti, o que en tu iglesia o empresa no te toman en cuenta, porque según ellos, no das el ancho, confía en Dios; Él nunca te ha olvidado, y tarde o temprano te ungirá delante de los que te desecharon. Dios no te ha olvidado, tu sigue adelante; sirve al Señor con todo tu corazón, trabaja como que si lo haces directamente para Él, Dios usa a los que están listos; a los que se preparan, y son fieles delante de Él. "¿Se olvidará *la mujer de lo que dio a luz, para dejar de compadecerse del hijo de su vientre? Aunque olvide ella, yo nunca me olvidaré de ti". Isaías 49:15* Jesús te está diciendo: Yo nunca te olvido.

Realmente Dios nunca se olvida de uno, tenlo por seguro; si piensas lo contrario, reprende esos pensamientos en el nombre de Jesús, porque no son de Dios. Si nos mantenemos obedeciendo al Señor, preparándonos cada día espiritualmente, tarde o temprano llegará esa recompensa.

DIOS PREPARÓ A DAVID ANTES DE USARLO

David, por ser el más pequeño, debería ser el que hacia todos los mandados de los demás, ya fuera de los padres, como de los hermanos. El pastorear ovejas no es un trabajo fácil; sin embargo, David estaba dispuesto a hacerlo, y lo hacía con mucho gusto, porque las cuidaba muy bien. Las defendía de sus depredadores sin importar las consecuencias.

"David respondió a Saúl: Tu siervo era pastor de las ovejas de su padre; y cuando venía un león, o un oso, y tomaba algún cordero de la manada, 35 salía yo tras él, y lo hería, y lo libraba de su boca; y si se levantaba contra mí, yo le echaba mano de la quijada, y lo hería y lo mataba". 1 Samuel 17:34-35

David había aprendido a defender las ovejas de su padre muy bien, aunque no fueran de él.

"Mas el asalariado, y que no es el pastor, de quien no son propias las ovejas, ve venir al lobo y deja las ovejas y huye,

y el lobo arrebata las ovejas y las dispersa. 13 Así que el asalariado huye, porque es asalariado, y no le importan las ovejas". Juan 10:12-13

David no era un asalariado; él cuidaba el rebaño de su padre con mucha responsabilidad y compromiso. Así nos manda Dios que hagamos nosotros también. Si eres líder en algún área de tu vida, pastorea bien. Porque Dios te lo ha encomendado. No hagas como los pastores asalariados que no les importa las ovejas que tienen a su cargo; solo les interesa la paga y nada más.

David sabía que trabajaba para Dios, él sabía que Dios lo había puesto allí. Él conocía muy bien a Dios; él escribió muchos Salmos, y lo hacía mientras tocaba su arpa cuidando las ovejas. Las ovejas lo conocían muy bien, porque ellas conocen a su pastor. Dios tuvo que enseñarle a David como cuidar y defender a las ovejas de su padre, para así estar preparado para defender al pueblo de Israel.

ASÍ COMO DIOS LE DABA LAS FUERZAS PARA PELEAR CONTRA LAS FIERAS DEL CAMPO; ASI LE DIO EL PODER PARA PELEAR EN CONTRA DE GOLIAT

David era un jovencito, el cual no tenía experiencia para pelear en el ejército de Israel; al parecer nunca había tomado en sus manos una espada o una armadura. Su vida era cuidar ovejas; pero por ser el más pequeño, también era el que hacía los mandados. La Biblia no registra qué hacían sus demás hermanos cuando no estaban en la guerra; pero si relata lo que hacía David. El padre de David lo había mandado a llevar comida a sus hermanos, los que se encontraban en la guerra. "Y dijo Isaí a David *su hijo: Toma ahora para tus hermanos un efa de este grano tostado, y estos diez panes, y llévalo pronto al campamento a tus hermanos". 1 Samuel 17:17*

Cuando David llegó al lugar, estaban en el campo de batalla. David sólo iba a dejar comida a sus hermanos. Él nunca se imaginaba lo que iban a percibir sus ojos. David estaba ungido por Dios, la unción de Jehová estaba sobre él, así que no había miedo en su vida. El miedo turba al ser humano, los pone ansiosos. En realidad así se encontraba el ejército de Israel en ese momento. No tenían a nadie con el tamaño de Goliat para mandarlo a pelear; peor aún, nadie estaba dispuesto a hacerlo. La estatura de Goliat era de 6 codos un palmo. "Salió entonces del *campamento de los filisteos un paladín, el cual se llamaba Goliat, de Gat, y tenía de altura seis codos y un palmo". 1 Samuel 17:4*

Según la calculadora y las tablas numéricas de medición, dicen que un codo es igual a: 45.72 centímetros, multiplicado por 6 es igual a 274.32 centímetros, más un palmo. Un palmo equivale a 10.16 centímetros. Haciendo la suma completa nos da un total de 284.48 centímetros, esto equivale a: 2.84 metros aproximadamente. David, al ser un muchacho joven, podría medir de 1.50 metros a 1.70 metros de estatura, quiere decir, que Goliat media un poco más de un metro, que David.

"Y dijo David a Saúl: No desmaye el corazón de ninguno a causa de él; tu siervo irá y peleará contra este filisteo. 33 Dijo Saúl a David: No podrás tú ir contra aquel filisteo, para pelear con él; porque tú eres muchacho, y él un hombre de guerra desde su juventud". 1 Samuel 17:32-33

David estaba ungido por el Señor, y eso le había causado seguridad y valor; por consecuencia, no le tenía miedo al gigante. David confiaba en Dios, sabía que Dios el Señor, es más grande y poderoso que el gigante al cual se iba a enfrentar. Tal vez, su carne temblaba al mirar semejante hombre, pero en su espíritu estaba seguro de que lo iba a derrotar. Para él, ese gigante era un oso o león más, al cual se tenía que enfrentar.

"Añadió David: *Jehová, que me ha librado de las garras del león y de las garras del oso, Él también me librará de la mano de este filisteo. Y dijo Saúl a David: Ve, y Jehová esté contigo".*
1 Samuel 17:37

Cuando en su vida hay unción, se va la inseguridad, y la incredulidad; y cuando se nos presentan esos gigantes en nuestra vida (problemas, luchas, enfermedades, desanimo etc.), solo con la unción del Señor Jesucristo podemos derribarlos y seguir adelante. Allí iba David con una honda y cinco piedras del arroyo.

"Y tomó su cayado en su mano, y escogió cinco piedras lisas del arroyo, y las puso en el saco pastoril, en el zurrón que traía, y tomó su honda en su mano, y se fue hacia el filisteo".
1 Samuel 17:40

David lo miraba como una fiera más, a la cual iba a destruir. En esta ocasión estaba defendiendo el rebaño de Jehová de los ejércitos. Cada vez que David tenía una victoria, realmente había pasado por un proceso de lucha.

Mucha gente mira en otros las victorias que han tenido, y desean ser como ellos; pero muchos de ellos no miraron las luchas por las cuales tuvieron que pasar antes, para obtener esas victorias. El proceso, por lo regular, el único que lo mira y lo siente, es el que lo está pasando. Muchos dicen: "Yo quisiera ser como julano o sutano, me gusta como Dios lo bendice y lo usa". Pero muchos de ellos no están dispuestos a pagar el precio, y no quieren pasar por el proceso de refinación y fidelidad; solo quieren las bendiciones, pero no quieren pasar el proceso por el cual se obtuvo esa bendición, o peor aún, cuando se encuentran en el proceso, desisten de servir a Dios y no pasan la prueba.

Quiero contarte un suceso que pasó: Llegó un hermano, miembro de una iglesia, y se dirigió hacia un predicador que Dios lo usa grandemente en sanidad, liberación, profecía y milagros.

Este hermano llegó y le dijo: _Siervo de Dios, ¿puedes orar por mí para que yo pueda recibir de la unción que Dios te ha dado?_ El predicador, siervo de Dios, le contesta: _Por supuesto,_ entonces el hermano se inclinó para que el predicador orara por él, y el siervo de Dios empezó a orar por él de esta manera: ¡Señor, bendice a tu hijo, permite que vengan grandes pruebas a su vida, que su mamá se muera, que lo menosprecien, lo humillen, lo insulten; que no encuentre salida a sus problemas…, todavía no terminaba de orar el siervo por el hermano, cuando el hermano se levanta confundido y a la vez molesto, y le pregunta al siervo de Dios: _Espere, espere, ¿porque ora por mí de esa manera? Si lo único que yo le pedí es que orara por mí para yo tener de la unción que usted tiene._ El siervo de Dios le contesta: _Para tú poder recibir lo que Dios me ha dado, tienes que pasar por todo eso y más._ Moraleja: "La unción no viene con una simple oración; todo tiene un proceso".

Que lección se llevó ese hermano; y así hay muchos en el camino del Señor; solo quieren recibir unción, pero no quieren pagar el precio. Dios no te va a dar algo que tú no estés preparado para recibir; hay que llorar, clamar y esperar.

David no fue rey de la noche a la mañana. Cuando fue ungido, dice la Palabra de Dios que era un jovencito, tal vez ni tenía quince años de edad; y empezó a reinar a los 30 años. "Era *David de treinta años cuando comenzó a reinar, y reinó cuarenta años". 2 Samuel 5:4* El proceso que llevó fue largo, pero se cumplió; porque lo que Dios promete, lo cumple.

FUE PERSEGUIDO POR SUS ENEMIGOS.

Cuando David derrotó al gigante, fue una victoria grande para él; quitó el oprobio del ejército de Israel, y por consecuencia, él obtuvo fama y gracia ante el pueblo; y no solo eso, el rey Saúl había ofrecido muchos regalos, más a parte, la mano de la princesa, lo cual a él lo convertiría en príncipe automáticamente.

"Y cada uno de los de Israel decía: ¿No habéis visto aquel hombre que ha salido? Él se adelanta para provocar a Israel. Al que le venciere, el rey le enriquecerá con grandes riquezas, y le dará su hija, y eximirá de tributos a la casa de su padre en Israel". 1 Samuel 17:25

El Señor es perfecto en sus planes, Él le iba preparando camino a David para que llegara al trono. Pero claro; todo al tiempo de Dios. Así Dios prepara todo en nuestras vidas para que obtengamos la victoria; siempre y cuando nos dejamos usar por Dios, Él no nos abandona, y lo que ha prometido en nosotros, lo cumple. Después de la victoria de David en contra de Goliat, el rey Saúl ya no lo dejó irse con su padre a cuidar de sus ovejas. Saúl lo tenía con él en el palacio y a donde él iba, lo llevaba con él. Estaba muy feliz que iba a tener un yerno muy valiente. El problema fue cuando después de regresar de una batalla, las mujeres salieron a recibirlos con canto y danza, pero el canto no le agradó al rey Saúl. Porque ellas cantaban así: "Saúl mató a sus miles y David a sus diez miles". *"¿No es este David, de quien cantaban en las danzas, diciendo: Saúl hirió a sus miles, y David a sus diez miles?"* 1 Samuel 29:5

Saúl sabía que Jehová, Dios de los ejércitos, ya lo había desechado; porque la unción de Jehová, ya no estaba con él; al contrario, un espíritu venía y lo atormentaba, y David lo ahuyentaba tocando su arpa. Con todo lo que estaba pasando, el rey Saúl sospechaba que David era el que iba a ocupar su lugar; y por esa causa, Saúl empezó a maquinar como quitarle la vida.

Después de haber contraído nupcias David con la hija del rey Saúl, él intentaba matarle, pero no lo hacía a vista de los demás, porque Saúl sabía que David se había ganado el respeto y fama del ejército, y también del pueblo; Saúl, no tenía una excusa para condenarlo a muerte a vista de todos. En una ocasión David tocaba el arpa para Saúl, cuando de repente, Saúl le arrojó su lanza; pero falló. Dios estaba con David. Saúl mando a unos hombres para que mataran a David cuando él dormía; pero enterándose la esposa de David lo advirtió, y David tuvo que salir huyendo del palacio real por causa de Saúl.

Cuando alguien envidia tu puesto o la gracia de Dios que hay en ti, esa persona va a querer destruirte o difamarte. Más, sabemos que no son las personas, sino lo que hay dentro de las personas; en este caso, era la envidia y celos del rey Saúl lo que lo estaba llevando a eso.

Aunque Saúl había sido desechado por Dios, él seguía luchando por el poder; porque, por sobre todo, él seguía siendo rey. Pero sabía que la fama de David había sobrepasado la de él. Y como todo rey suele hacer, cuando miran peligro para su reino, eliminan los obstáculos, y en este caso el obstáculo era David.

David huyó de la presencia del rey. Cuando Saúl se enteró que David había sido avisado del complot hacia él, se puso furioso; se dio cuenta que no pudo vencerlo en ese momento, y empezó a perseguirlo, y sólo con difamación lo iba a lograr, porque todos en el reino conocían a David; sabían que era un buen muchacho y que por su mano, habían sido salvos de los filisteos (claro, quien actuó allí fue el poder de Dios).

"Y Saúl procuró *enclavar a David con la lanza a la pared, pero él se apartó de delante de Saúl,el cual hirió con la lanza en la pared; y David huyó, y escapó aquella noche. 11 Saúl envió luego mensajeros a casa de David para que lo vigilasen, y lo matasen a la mañana. Más Mical su mujer avisó a David, diciendo: Si no salvas tu vida esta noche, mañana serás muerto. 12 Y descolgó Mical a David por una ventana; y él se fue y huyó, y Escapó". 1 Samuel 19:10-12*

David estaba escapando de Saúl, como un fugitivo sin tener culpa. Así le puede pasar al cristiano; cada vez que el cristianó tiene una victoria en su vida, alguien dirigido por el enemigo se va a levantar en su contra para matar su ánimo, sus fuerzas y su fe; pero de nosotros depende si logran su objetivo o no.

El enemigo más grande que tenía David en ese momento no era el pueblo filisteo u otros ciudades cercanas, su más grande enemigo era su propio suegro, el rey de Israel; el que decidía si vivía una persona o moría.

Ante todo, David era sabio, y la unción del Todopoderoso estaba sobre él. Así que decidió irse con el profeta Samuel a Ramá; hizo una buena decisión. ¿Quién más que él para aconsejarle lo que hiciera en esa situación tan difícil? El padre de su esposa quería quitarle la vida. David estaba entre la espada y la pared; porque Mical le había salvado la vida, ella lo había alertado sobre el complot de su padre y lo había ayudado a huir.

¿Qué pasaría por la mente de David en esos momentos? Es difícil saber con exactitud; pero, ante todo el problema, David seguía confiando en Dios. Cuando su amigo Jonatán le confirmó que el rey Saúl quería matarlo, David huyó a Nod, donde se encontraba el sacerdote Ahimelec. La sabiduría y comunión con el Todopoderoso siempre lo llevaba primero ante los siervos de Dios Altísimo.

En realidad, es lo primero que debemos de hacer como hijos de Dios, ir con el que todo lo sabe, y pedir consejo con los siervos de Dios. El sacerdote Ahimelec le proveyó de alimento y también de un arma para defenderse. Es lo que debemos de hacer nosotros, buscar el alimento espiritual y el arma adecuada para las batallas que se nos presenten. El alimento espiritual es la Palabra de Dios, y por medio de la Palabra de Dios y oración, encontramos esas armas que necesitamos para defendernos del maligno.

UN LUGAR PARA APARTARSE

David anduvo buscando refugio en territorio enemigo, el cual no se lo brindaron. Dios lo había ungido como rey; sin embargo, andaba vagando por tierras extranjeras huyendo de su enemigo.

El futuro de David estaba previsto, iba a ser el rey de Israel; no venía de familia real, pero el Rey de reyes y Señor de señores, lo había ungido como tal. Lo único que tenía que hacer, era esperar, sí, esperar es lo que a muchos no nos gusta, cuando Dios promete algo, lo cumple; solo hay que esperar que la promesa se cumpla; es allí donde muchos hemos tirado la toalla, ¿Por qué? Porque no nos gusta esperar, yo batallo para esperar, pero cada día aprendo a hacerlo mejor.

David tuvo que esconderse en la "cueva de Adulan"; estar en una cueva solo, no es algo agradable, después que David había experimentado las camas y cobijas reales; ahora tenía que dormir en la tierra, con una almohada de piedra; pero allí estaba David, solo, sin nadie, tal vez un poco confundido; pidiéndole a Dios una respuesta de lo que estaba pasando. Dios prometió estar con nosotros siempre, lo dice su Palabra: "Me invocará, *y yo le responderé; con él estaré yo en la angustia; lo libraré y le glorificaré*". *Salmo 91:15* Dios estaba probando a David para que aprendiera a depender de Él; no se sabe cuánto tiempo estuvo solo en esa cueva, pero fue lo suficiente para que David se diera cuenta que Dios estaba con él.

"Algunos expertos creen que el nombre "Adulam" proviene de la palabra hebrea: "edhal", que significa "refugio" o "lugar de Descanso". Esto podría explicar por qué David, uno de los personajes bíblicos más importantes, buscó refugio en la cueva de Adulam cuando estaba huyendo de Saúl, el rey de Israel en ese momento. La cueva de Adulam se convirtió en un lugar de reunión para David y sus seguidores,

139

y se menciona en varios pasajes bíblicos como un lugar de protección y seguridad. (1Sam. 22:1-2)".[40]

David necesitaba apartarse por un tiempo, y meditar en todo lo que le había estado aconteciendo; Dios quería traerlo de nuevo a su presencia; David, después que mató a Goliat, se volvió muy solicitado, su vida dio un giro de pastor de ovejas, a guerrero; cambió su cayado y su vara por una espada; Dios quería traerlo de nuevo a Él, quería restaurar esa relación tan hermosa que había en ellos, cuando David fue pastor de ovejas. Cuando él era pastor, su vida no era tan atareada; tenía mucho tiempo para meditar en el Señor y tocar su arpa.

Hay momentos en los que nos puede pasar lo mismo. Dios quiere que prosperemos en nuestra vida, que seamos exitosos, que trabajemos para Él con los dones que Él ha puesto en cada uno de nosotros; pero sobre todo, que no nos olvidemos de pasar tiempo a solas con Él; apartarnos de todo, y rendirnos a Él. Busca tiempo para pasar con Dios. Somos vasos escogidos para su gloria, y Él quiere usarnos.

David andaba huyendo de su enemigo Saúl, el cual traía consigo un ejército dispuesto a obedecer la voz del rey. El rey Saúl buscaba a David para matarlo. Qué abrumadores días estaba pasando David. Me puedo imaginar que se sentía acorralado como la presa se siente cuando los depredadores están rodeando a la presa para matarla y comérsela. Dice la Biblia: "Mi vida está entre *leones; estoy echado entre hijos de hombres que vomitan llamas; sus dientes son lanzas y saetas, y su lengua espada aguda". Salmo 57:4* Así se sentía David en ese momento. No encontraba refugio por ningún lado, por lo que decidió irse a la cueva de Adulam, y allí se refugió por un tiempo. Allí estuvo solo el tiempo necesario para poder tener un encuentro con el Todopoderoso, Dios nunca lo dejó; al contrario, le dio un refugio para que se fortaleciera en Él, y estar preparado para recibir

---

[40] Mhttps://aromatherapia.org/que-significa-la-palabra-adulam-en-la-biblia

la compañía de su familia y los hombres con los que iba a comenzar su ejército. Uno de los salmos que escribió David en esa cueva fue el 142 y dice así:

"Con mi voz clamaré a Jehová; con mi voz pediré a Jehová misericordia. 2 Delante de Él expondré mi queja; delante de Él manifestaré mi angustia. 3 Cuando mi espíritu se angustiaba dentro de mí, tú conociste mi senda. En el camino en que andaba, me escondieron lazo. 4 Mira a mi diestra y observa, pues no hay quien me quiera conocer; no tengo refugio, ni hay quien cuide de mi vida. 5 Clamé a ti, oh Jehová; dije: Tú eres mi esperanza, y mi porción en la tierra de los vivientes. 6 Escucha mi clamor, porque estoy muy afligido. Líbrame de los que me persiguen, porque son más fuertes que yo. 7 Saca mi alma de la cárcel, para que alabe tu nombre; me rodearán los justos, porque tú me serás propicio". Salmo 142.

Cuando David estuvo listo, llegó el apoyo; entre ellos, su familia, y cobró nuevas fuerzas.

"Y se juntaron con él todos los afligidos, y todo el que estaba endeudado, y todos los que se hallaban en amargura de espíritu, y fue hecho jefe de ellos; y tuvo consigo como cuatrocientos hombres". 1 Samuel 22:2.

David estaba listo para recibir a sus acompañantes, ¡y que compañeros le mandó el Señor! mandó a los afligidos, endeudados y los amargados de espíritu. Ellos querían un cambio; sabían que con David había esperanza, confiaban en él; así que dejaron a un lado al rey Saúl y se unieron a David; porque miraban esperanza en él. Y con ellos comenzó su ejército. Dios no abandonó a David en ningún instante, solo quería darles reposo en la soledad y apartarlo para fortalecerlo.

Así como Dios no abandonó a David, tampoco te abandona a ti. Toma ese tiempo que Dios te está permitiendo en la soledad para fortalecerte, en vez de lamentarte por lo sucedido. Todo tiene un propósito, si estás en la cobertura de Dios.

AUNQUE TUVO LA OPORTUNIDAD DE MATAR A SUS ENEMIGOS, LE DEJÓ LA VENGANZA A DIOS.

David llevó a su familia a un lugar seguro, pero él se dedicó a esconderse en el desierto. David necesitaba proteger a su familia, porque el enemigo era lo que primero podía atacar en venganza hacia él.

David anduvo por el desierto de Zif, por el desierto de Maon, En-gadi, y Paran con todos su ejército que había formado. Vivía escondiéndose del rey Saúl; pero llegó un momento, en donde el rey Saúl entró a una cueva en En-gadi; allí entro a hacer sus necesidades; y resulta que David estaba dentro de ella. Los hombres de David lo animaban para que allí lo matara, pero David no quiso levantar su mano en contra del ungido de Jehová. Lo único que hizo, fue cortarle un pedazo de su manto a Saúl, para así demostrarle que Jehová lo había dado en su mano, y él no quiso matarlo.

David enfrentó a Saúl cuando salió de la cueva diciéndole: tuve la oportunidad de matarle, pero no lo hice, Saúl le muestra a David su arrepentimiento, pero en su corazón maquinaba el matarle; porque él sabía que David iba a ser rey.

"He aquí han visto tus ojos cómo Jehová te ha puesto hoy en mis manos en la cueva; y me dijeron que te matase, pero te perdoné, porque dije: No extenderé mi mano contra mi señor, porque es el ungido de Jehová. 11 Y mira, padre mío, mira la orilla de tu manto en mi mano; porque yo corté la orilla de tu manto, y no te maté. Conoce, pues, y ve que no hay mal ni traición en mi mano, ni he pecado contra ti; sin embargo, tú andas a caza de mi vida para quitármela". 1 Samuel 24:10-11

David tuvo otra oportunidad de acabar con su enemigo en el desierto de Zif; pero otra vez le perdonó la vida. Realmente David no quería hacerle ningún daño, pero Saúl insistía en perseguirlo.

"David, pues, y Abisai fueron de noche al ejército; y he aquí que Saúl estaba tendido durmiendo en el campamento, y su lanza clavada en tierra a su cabecera; y Abner y el ejército estaban tendidos alrededor de él. 8 Entonces dijo Abisai a David: Hoy ha entregado Dios a tu enemigo en tu mano; ahora, pues, déjame que le hiera con la lanza, y lo enclavaré en la tierra de un golpe, y no le daré segundo golpe. 9 Y David respondió a Abisai: No le mates; porque ¿quién extenderá su mano contra el ungido de Jehová, y será inocente? 10 Dijo además David: Vive Jehová, que si Jehová no lo hiriere, o su día llegue para que muera, o descendiendo en batalla perezca, 11 guárdeme Jehová de extender mi mano contra el ungido de Jehová. Pero toma ahora la lanza que está a su cabecera, y la vasija de agua, y vámonos". 1 Samuel 26:7-11

A pesar que Saúl seguía a David para matarle, en David no había amargura, él quería que fuera Dios el que se encargaba de él. David no se quería ensuciar sus manos sabiendo que era el padre de su esposa, y de su mejor amigo. Pero Dios es justo, a Él no se le escapa nada; nosotros los seres humanos somos injustos y no estamos a la expectativa de todo, pero Dios sí. Tarde o temprano Saúl iba a recibir su pago por perseguir al inocente. Algo que me impacta de David, es que él tenía muy en claro que cuando Dios ungía, era algo serio y sagrado, no era cualquier cosa. Él respetaba a Saúl, aún, cuando su vida era asechada por él.

Mis hermanos, no nos engañemos; hay que darnos cuenta, que no porque alguien está ungido, va a permanecer así siempre. Se necesita estar en continua comunión y comunicación con Dios; de otra manera solo el título le va a quedar (cualquiera que sea); Dios pide fidelidad y confianza. Cuando un líder quita su confianza en Dios, y la dirige hacia los hombres, es difícil que Dios lo siga respaldando. Eso fue lo que hizo Saúl, en vez de confiar en Dios, y esperar en Él, prefirió confiar en la gente. La Biblia dice: "Yo soy la vid, *vosotros los pámpanos; el que permanece en mí, y yo en él, éste lleva mucho fruto; porque separados de mí nada podéis hacer". Juan 15:5*

Saúl había perdido esa comunión con el Todopoderoso. Ahora lo único que deseaba, era matar a David para no tener peligro de perder su reinado; pero estaba peleando en contra de Dios; porque Él ya le había dicho por medio del profeta Samuel que su reino había sido dado a otro.

"Más ahora *tu reino no será duradero. Jehová se ha buscado un varón conforme a su corazón, al cual Jehová ha designado para que sea príncipe sobre su pueblo, por cuanto tú no has guardado lo que Jehová te mandó". 1 Samuel 13:14*

David se enfadó de estar huyendo del rey Saúl; así que se fue a morar con los filisteos; el rey de allí, le dio una ciudad llamada Siclag; tuvo que salir de los linderos de Israel y enfrentarse al rey Aquis, fingiendo ser uno de ellos, convirtiéndose en su siervo.

SE QUEDÓ QUIETO Y OBTUVO LA VICTORIA

"Aconteció en aquellos días, que los filisteos reunieron sus fuerzas para pelear contra Israel. Y dijo Aquis a David: Ten entendido que has de salir conmigo a campaña, tú y tus hombres. 2 Y David respondió a Aquis: Muy bien, tú sabrás lo que hará tu siervo. Y Aquis dijo a David: Por tanto, yo te constituiré guarda de mi persona durante toda mi vida". 1 Samuel 28:1-2

David, no solo estaba ungido; sino, que también Dios le dio gracia delante de pueblos y reyes enemigos de Israel; ellos sabían que

David era israelita, porque él era muy famoso por todas las hazañas que pudo lograr en tan poco tiempo. Pero llegaba el momento de la realidad para David, el rey Aquis se iba a enfrentar contra Israel; el propio pueblo de David. ¿Qué le pasaría por la mente de David en ese momento? Me imagino que no fue una noticia agradable tener que decirle sí al rey filisteo; este acto era sinónimo de completa lealtad hacia él.

Yo no creo que David, se halla quedado con las manos cruzadas; él ha de haber ido ante el Todopoderoso, a clamar para que se hiciera su voluntad, y no la del rey Aquis. Fue a pelear de rodillas; no lo dice la Biblia, pero es lo que solía hacer David cuando estaba en apuros, sabía a quién acudir primero, y Dios le respondía.

"Entonces los príncipes *de los filisteos se enojaron contra él, y le dijeron: Despide a este hombre, para que se vuelva al lugar que le señalaste, y no venga con nosotros a la batalla, no sea que en la batalla se nos vuelva enemigo; porque ¿con qué cosa volvería mejor a la gracia de su señor que con las cabezas de estos hombres?" 1 Samuel 29:4*

Los príncipes de los filisteos, no permitieron al rey que llevara a David y sus hombres a la guerra, así que, David y sus hombres se regresaron y no pelearon en contra de Israel. Dios tiene todo bajo control; porque si ellos no se hubieran regresado, hubieran perdido todas sus familias. Los amalecitas invadieron su ciudad y se llevaron cautivos a todos; pero a nadie mataron, Dios no lo permitió. Él estaba cuidando de David y de los suyos. Y como siempre, David antes de hacer algo, primero consultaba a Dios para saber qué hacer. David sabía que Jehová de los ejércitos es el que tiene todas las respuestas correctas y no falla.

Es lo que debemos hacer nosotros también, antes de precipitarnos a hacer algo, primero debemos venir ante el Todopoderoso e encomendarnos a Él; Dios guía y contesta. David pudo alcanzar a los amalecitas y librar a todos los que habían sido cautivos por ellos, y todo el botín. Dios, una vez más le dio la victoria a David.

David no tuvo que ir a la guerra a pelear en contra de Saúl, los propios filisteos hicieron el trabajo por él; Saúl y la mayoría de sus hijos murieron en esa guerra. David solo tuvo que esperar su victoria.

"Y siguiendo los filisteos a Saúl y a sus hijos, mataron a Jonatán, a Abinadab y a Malquisúa, hijos de Saúl. 3 Y arreció la batalla contra Saúl, y le alcanzaron los flecheros, y tuvo gran temor de ellos. 4 Entonces dijo Saúl a su escudero: Saca tu espada, y traspásame con ella, para que no vengan estos incircuncisos y me traspasen, y me escarnezcan. Mas su escudero no quería, porque tenía gran temor. Entonces tomó Saúl su propia espada y se echó sobre ella. 6 Así murió Saúl en aquel día, juntamente con sus tres hijos, y su escudero, y todos sus varones". 1 Samuel 31:2-6

Hasta allí llego la vida de Saúl y sus hijos. Hubo muchos muertos; los israelitas fueron derrotados. David estaba en Siclag, pero nunca se imaginó recibir esa noticia; era tiempo de otra victoria. David ahora podía ser proclamado rey de Israel. David nunca perdió una batalla, él iba de victoria en victoria, y cada día se fortalecía más y más hasta lograr reinar en todo Israel. *"Y puso guarnición en Edom; por todo Edom puso guarnición, y todos los edomitas fueron siervos de David. Y Jehová dio la victoria a David por donde quiera que fue". 2 Samuel 8:14*

Hay tantos relatos en la Palabra de Dios; éstos nos enseñan, como los siervos de Dios Altísimo, eran victoriosos, con el simple hecho de adorarle; porque las mejores batallas se ganan en oración y adoración.

VICTORIA CON ADORACIÓN Y ALABANZA

"Pero a medianoche, orando Pablo y Silas, cantaban himnos a Dios; Y los presos los oían". Hechos 16:25

Pablo, un hombre esforzado y valiente. Desde su conversión, sirvió a Jesucristo con denuedo, nada lo detenían. Pablo creció con una fe inquebrantable; era un hombre que después de estar persiguiendo a los seguidores de Jesús, él mismo se convirtió. "Solamente oían decir: *Aquel que en otro tiempo nos perseguía, ahora predica la fe que en otro tiempo asolaba". Gálatas 1:23* No es fácil tener una fe así y una convicción de servir a Dios, hay que tener una relación con el que la da, con nuestro Señor Jesucristo.

En esta ocasión, Pablo y Silas estaban en la cárcel por haber reprendido un espíritu de adivinación en una muchacha, ella fue libre por el poder de Dios, y por causa de esa liberación, ellos fueron encarcelados. El enemigo no le gusta perder territorio, ni que sus demonios o espíritus sean reprendidos. Pablo y Silas fueros azotados, y después encarcelados; pero dice la Biblia que, ellos, en vez de reclamarle a Dios, o desanimarse, se pusieron a cantar himnos, y adorar a Dios.

El enemigo pensó que los iba a detener encerrándolos en la cárcel, pero estaba equivocado; fue totalmente lo contrario, porque allí mismo, dice la Biblia, que los presos los oían... y ¿qué cree? Las puertas de la cárcel fueron abiertas, y las cadenas de los presos sueltas a causa de un terremoto. Miremos espiritualmente que sucede: Cuando Pablo y Silas empiezan a adorar al Señor, las puertas de las cárceles espirituales y las cadenas de los presos espirituales se cayeron; eso sucede cuando una persona empieza a adorar a Dios; las cadenas espirituales son derribadas. Que poderosa es la alabanza que uno hace al Señor, si la hace con todo su corazón. *"Entonces sobrevino de repente un gran terremoto, de tal manera que los cimientos de la cárcel se sacudían; y al instante se abrieron todas las puertas, y las cadenas de todos se soltaron". Hechos 16:26*

Este relato no es ciencia ficción; es el poder de Dios el que libera y cambia. Hubo un estremecimiento para que eso sucediera; Dios estremece, y cuando Él estremece, algo bueno en tu vida tiene que pasar. En este caso los presos fueron libres física y espiritualmente. No fue en vano los azotes y esa cárcel, porque hubo fruto. Dios le dio a Pablo y a Silas los presos y también al carcelero con toda su familia. Esto sí es una victoria con adoración y alabanza.

"Despertando el carcelero, y viendo abiertas las puertas de la cárcel, sacó la espada y se iba a matar, pensando que los presos habían huido. 28 Mas Pablo clamó a gran voz, diciendo: No te hagas ningún mal, pues todos estamos aquí. 29 Él entonces pidiendo luz, se precipitó adentro, y temblando, se postró a los pies de Pablo y de Silas; 30 y sacándolos, les dijo: Señores, ¿Qué debo hacer para ser salvo? 31 Ellos le dijeron: Cree en el Señor Jesucristo, y serás salvo, tú y tu casa". Hechos 16:27-31

Así que recuerda, estamos en una lucha constante en contra del enemigo; pero te tengo una buena noticia, el más poderoso y fuerte está de parte de nosotros; Él nos protege, solo déjate guiar por Él. Pablo y Silas no sabían lo que les iba a pasar en ese lugar, pero confiaban en el Todopoderoso e hicieron lo que les iba a traer paz a su corazón, adorarle. Y a causa de esa adoración, hubo salvación. Dios está de nuestro lado, solo hay que creerlo. El enemigo va a querer intimidarte siempre, diciéndote que Dios te ha abandonado; no le creas, confía en Dios; que Él nunca llega tarde; mientras tanto, sigue adorando y verás tu victoria.

Capítulo 7

CONOCIMIENTO DE DIOS

"En el principio era el Verbo, y el Verbo era con Dios, y el Verbo era Dios. 2 Éste era en el principio con Dios. 3 Todas las cosas por Él fueron hechas, y sin Él nada de lo que ha sido hecho, fue hecho. 4 En Él estaba la vida, y la vida era la luz de los hombres. 5 La luz en las tinieblas resplandece, y las tinieblas no prevalecieron contra ella". Juan 1:1-5

Es hermoso hablar de Dios; pero hablar de su conocimiento, es algo sobrenatural. Dios hizo todo lo que miramos; no hay nada en

149

este mundo que Dios no haya creado (hablando de la naturaleza), y aún todo los edificios, monumentos, lugares de diversión, etc., Dios le dio la sabiduría al hombre para ser creativo y construirlos. Dios lo sabe todo, para Él, no existe el tiempo; Él tuvo que crear el tiempo para el ser humano.

"Todo lo hizo *hermoso en su tiempo; y ha puesto eternidad en el corazón de ellos, sin que alcance el hombre a entender la obra que ha hecho Dios desde el principio hasta el fin".* Eclesiastés 3:11

Dios tiene tantas cualidades, que no alcanzaría a mencionarlas todas; solo te mencionaré algunas.

DIOS ES ETERNO

"¿No has sabido, *no has oído que el Dios eterno es Jehová, el cual creó los confines de la tierra? No desfallece, ni se fatiga con cansancio, y su entendimiento no hay quien lo alcance".* Isaías 40:28

Dios es eterno; y si nos ponemos a tratar de entenderlo, no vamos a poder, porque nuestra mente es limitada; es mejor someternos a Él, para que nos ayude a entender y comprender lo que nos quiera revelar. Dios Todopoderoso, no tiene límites; para Él no existe el tiempo; Él, tuvo que crear el tiempo para nosotros los seres humanos. Él habita en la eternidad, así lo dice su Palabra:

"Porque así dijo el Alto y Sublime, el que habita la eternidad, y cuyo nombre es el Santo: Yo habito en la altura y la santidad, y con el quebrantado y humilde de espíritu, para hacer vivir el espíritu de los humildes, y para vivificar el corazón de los quebrantados". Isaías 57:15

La mejor revelación que podemos recibir está en su Palabra. Dios allí dejó escrito lo que quería dar a conocer al hombre. Jesús le dijo a Nicodemo: "Si os he dicho cosas *terrenales, y no creéis,*

¿cómo creeréis si os dijere las celestiales?" Juan 3:12 Por lo general, queremos buscar a Dios conforme a nuestro conocimiento; pero no es hasta que se tiene una relación íntima con Él, cuando lo empezamos a conocer realmente. Nos podemos imaginar a un hombre grande, lleno de canas, barba larga, con una túnica blanca, zapatos de oro y una sonrisa muy grande, esperándonos con su brazos abiertos; pero, si nos imaginamos a Dios de esa manera... ¿no crees que sería en vez de un Padre, un abuelo? Dios es solamente Padre; lleno de poder y amor para nosotros. Nosotros no somos eternos físicamente. La muerte no respeta edad, pero, aunque la respetara, Dios puso límites en nuestra edad para morir.

"Los días de nuestra edad son setenta años; Y si en los más robustos son ochenta años, con todo, su fortaleza es molestia y trabajo, porque pronto pasan, y volamos". Salmo 90:10.

Como seres humanos no queremos envejecer o morir, siempre estamos en busca de tratamientos para mirarnos más jóvenes y para alargar nuestra vida, ¿por qué nuestra humanidad es así? Porque Dios puso en nosotros la eternidad, la puso en el alma, no en el cuerpo. "Todo lo hizo hermoso *en su tiempo; y ha puesto eternidad en el corazón de ellos, sin que alcance el hombre a entender la obra que ha hecho Dios desde el principio hasta el fin". Eclesiastés 3:11*

Cuando este cuerpo muere, o deja de existir, el alma sigue existiendo. Después de la muerte, el alma se va a un lugar de reposo; de felicidad; donde ya no habrá más llanto ni tristeza, ni dolor, y esto lo obtenemos, si mientras que estuvimos en este cuerpo, anduvimos en una vida recta delante del Señor (Esto no quiere decir que seamos perfectos; porque perfecto, solo Dios). A Dios no lo podemos engañar; lo que sembramos, eso cosechamos. "Enjugará Dios toda *lágrima de los ojos de ellos; y ya no habrá muerte, ni habrá más llanto, ni clamor, ni dolor; porque las primeras cosas pasaron". Apocalipsis 21:4*

Sin embargo, si, en este cuerpo anduvimos en una vida deshonesta, y nunca nos arrepentimos de nuestro pecado ante Dios, nos espera un lugar de condenación, donde será el lloro y crujir de dientes.

"Enviará el Hijo del Hombre a sus ángeles, y recogerán de su reino a todos los que sirven de tropiezo, y a los que hacen iniquidad, 42 y los echarán en el horno de fuego; allí será el lloro y el crujir de dientes ". Mateo 13:41-42

DIOS ES INFINITO

"Grande es el Señor nuestro, y de mucho poder; y su entendimiento es infinito". Salmo 147:5

Infinito: "Que no tiene ni puede tener fin ni limite".[41]

Nuestro Dios vive en las alturas, la tierra y los cielos no pueden contener su poder. La Biblia dice:

"Más ¿Quién será capaz de edificarle casa, siendo que los cielos y los cielos de los cielos no pueden contenerlo? ¿Quién, pues, soy yo, para que le edifique casa, sino tan sólo para quemar incienso delante de él?' 2 Crónicas 2:6

Para Dios no hay límites, Él hizo todo el firmamento sin faltarle nada; Dios no es como nosotros, que solemos olvidar algunas diligencias; a Él no se le escapó nada cuando creó los cielos y la tierra, y dice la Biblia que lo hizo todo perfecto; claro que sí; en Él no hay error.

DIOS ES OMNIPOTENTE

Omnipotente: "Que está dotado de gran poder e influencia".[42]

---

[41] Diccionario Oxford

[42] Diccionario Oxford

Dios es el Todopoderoso, lo puede todo, nada se le escapa, su poder es infinito. *"Y el Dios omnipotente te bendiga, y te haga fructificar y te multiplique, hasta llegar a ser multitud de pueblos".* *Génesis 28:3* También: *"Diciendo: Te damos gracias, Señor Dios Todopoderoso, el que eres y que eras y que has de venir, porque has tomado tu gran poder, y has reinado". Apocalipsis 11:17*

No hay otro más poderoso que nuestro Señor Jesucristo. Las Escrituras lo Afirman: "Jehová reina; *se vistió de magnificencia; Jehová se vistió, se ciñó de poder. Afirmó también el mundo, y no se moverá". Salmos 93:1* Su poder es infinito, Él es el Todopoderoso.

DIOS ES OMNIPRESENTE

Omnipresente: "Que está presente en todas partes al mismo tiempo".[43]

De la única persona que uno no se puede esconder, es de Dios. Su Palabra lo dice:

"¿A dónde me iré de tu Espíritu? ¿Y a dónde huiré de tu presencia? 8 Si subiere a los cielos, allí estás tú; y si en el Seol hiciere mi estrado, he aquí, allí tú estás. 9 Si tomare las alas del alba y habitare en el extremo del mar,10 Aun allí me guiará tu mano, y me asirá tu diestra. 11 Si dijere: Ciertamente las tinieblas me encubrirán; aun la noche resplandecerá alrededor de mí. 12 Aun las tinieblas no encubren de ti, y la noche resplandece como el día; lo mismo te son las tinieblas que la luz". Salmo 139:7-12

No tenemos a donde escapar de Dios, Él está en todo lugar. De la gente nos podemos esconder; pero del Todopoderoso, jamás.

DIOS ES OMNISCIENTE

---

[43] Diccionario Oxford

Omnisciente: "Que conoce todas las cosas reales y posibles".[44]

"Tal conocimiento es demasiado maravilloso para mí; Alto es, no lo puedo comprender". Salmo 139:6

Nosotros como seres humanos, no alcanzamos a entender el conocimiento de Dios. Es demasiado alto, como dice un dicho: "Cuando nosotros vamos, Él ya viene" ¿Que puede enseñarle uno a Dios, si Él nos hizo? Pero la humanidad sigue en su propio rumbo de querer cambiar la historia; muchos de ellos no aceptan que un ser supremo, o sea, Dios, haya hecho todo el universo. Dios, no solo tiene cualidades, Él también tiene manifestaciones, así que vamos a estar aprendiendo unas de ellas.

Como Padre. "Vosotros, pues, orareis así: *Padre nuestro que estás en los cielos, santificado sea tu nombre". Mateo 6:9*

Cuando Jesús vino a esta tierra (siendo el mismo Dios encarnado), nos enseñó a llamarle "Padre". Se le llama Padre en la creación. Pero lo más curioso es que en el antiguo testamento nadie le llama Padre; sino, Jehová de los ejércitos, Redentor, el Todopoderoso, el gran YO SOY, la zarza ardiente etc.

Cuando Jesús estaba aquí en la tierra, decía: Padre, pero no porque el Padre estaba en el cielo y Jesús en la tierra; sino porque Él quería que aprendiéramos a llamarle PADRE. ¿De qué otra manera íbamos a conocerle y llamarle Padre, si Jesús hubiera venido diciendo yo soy el Padre adórenme a mí? Si usted escudriña el antiguo testamento no se le llama Padre a Dios, hasta que viene Jesús y le llama Padre. Dios es el mismo Jesús encarnado que quiere que ahora le llamemos "Padre". La Palabra de Dios dice: "Porque de tal *manera amó Dios al mundo, que ha dado a su Hijo unigénito, para que todo aquel que en Él cree, no se pierda, más tenga vida eterna. Juan 3:16*

---

[44] Diccionario Oxford

Dios, como Padre quería enseñarnos ese amor incondicional de Padre a hijo; y solamente lo podía hacer engendrando un hijo en la tierra, pero siendo Él mismo encarnado. La Palabra de Dios nos dice:

"El cual, siendo en forma de Dios, no estimó el ser igual a Dios como cosa a que aferrarse, 7 sino que se despojó a si mismo tomando forma de siervo, hecho semejante a los hombres; 8 y estando en la condición de hombre, se humillo a sí mismo, haciéndose obediente hasta la muerte, y muerte de cruz". : Filipenses 2:6-8

También dice:

"Pues no habéis recibido el espíritu de esclavitud para estar otra vez en temor, sino que habéis recibido el espíritu de adopción, por el clamamos: ¡Abba, Padre! 16 El espíritu mismo da testimonio a nuestro espíritu, de que somos hijos de Dios". Romanos 8:15-16

Por su sangre; por su muerte en la cruz del calvario, nosotros tenemos acceso a llamarle Padre, porque Él murió por todos sin excepción alguna. Así lo dice su Palabra: "Mas a todos *los que le recibieron, a los que creen en su nombre, les dio potestad de ser hechos hijos de Dios". Juan 1:12*

Somos hijos de Dios; siempre y cuando lo recibamos a Él como nuestro único y suficiente salvador. Le invito, si aún no lo ha aceptado en su corazón, dese esa oportunidad. Con todo respeto se lo digo, Dios no nos necesita a nosotros; sino que nosotros lo necesitamos a Él. Dios nos vino a enseñar lo que quiere que seamos; Él quiere que crezcamos en la fe, que cada día nos llenemos de su presencia, Él no quiere que nos quedemos desnutridos espiritualmente, porque eso nos puede llevar a la muerte espiritual.

Así como necesitamos el alimento corporal cada día (hasta 3 veces al día), así también necesitamos del alimento espiritual;

es por eso que cuando viene la tentación, la lucha y la prueba, a nosotros... sino estamos bien alimentados espiritualmente, vamos a estar débiles para resistir; y cualquier problema nos puede robar nuestra fe.

Si el ser humano se alimenta saludable, toma vitaminas, se ejercita y tiene una mente positiva, no cualquier enfermedad o virus lo va a atacar o destruir; pero, si el ser humano no se alimenta bien, no toma vitaminas, no se ejercita, y piensa negativamente (solo pensando en qué le pueda pasar, con miedo), ¿Qué cree que va a pasar? En realidad va a ser presa fácil de la enfermedad, virus y cualquier problema que se ponga en su camino.

La Palabra de Dios, es el mejor alimento espiritual que podemos recibir. Si la vivimos, nos estamos ejercitando espiritualmente; y por consecuencia, la Palabra de Dios produce fe; esas son las vitaminas que necesitamos para estar fuertes espiritualmente, juntamente con la oración, y ¿qué creen? Dios también nos da desintoxicación, el ayuno nos ayuda a eliminar lo que nos estorba, tanto física, como espiritualmente.

"El ayuno es un proceso de desintoxicación a través del cual el organismo elimina una serie de sustancias toxicas acumuladas en diversas partes del cuerpo humano".[45]

Cuando vienes a Dios en oración, no hay algo que le puedas contar que Él no experimentó cuando vino a esta tierra. Él te entiende muy bien cualquier cosa que te pasa. Algunos pueden decir: Dios está en su trono, a Él solo le adoran y le sirven. ¿Qué va a saber de mis problemas, temores o preocupaciones? Con todo respeto, se equivoca usted, si piensa de esa manera. Dios sabe muy bien lo que se siente pasar cualquier circunstancia en esta tierra, porque Él lo experimentó todo.

Recuerde, Él es omnipresente, donde quiera está al mismo tiempo; nuestra mente no lo puede entender porque es finita,

[45] El ayuno, por Dr. José Caruci, Ed. Betania pág. 84 (h5)

nuestra mente tiene un límite; la de Dios es infinita. Con esto, le quiero decir que Dios, al mismo tiempo estaba en su trono y estaba aquí en la tierra; Él supo lo que es el dolor de perder su único hijo; mirar como lo humillaban, lo golpeaban, y se burlaban de Él. Y Dios teniendo toda la autoridad para destruirlos en un segundo, no lo hizo. Pero no lo hizo, porque ese era el propósito de Jesús al venir a esta tierra, a morir por ti y por mí. Es demasiado grande el amor de Dios para con la humanidad. No deprecies su amor.

Como Hijo. Dios vino a éste mundo como hijo, pero era el mismo Dios encarnado. "Y el niño crecía *y se fortalecía, y se llenaba de sabiduría; y la gracia de Dios era sobre Él". Lucas 2:40 También: "Entonces Jesús, clamando a gran voz, dijo: Padre, en tus manos encomiendo mi espíritu. Y habiendo dicho esto, expiró". Lucas 23:46*

La humanidad de Jesús tenía agonía, se sentía solo. De sus doce discípulos, solo uno le acompañaba, Juan el discípulo amado. Juan fue el único que se atrevió a estar con Él hasta la muerte; porque, como hijo y humano sentía lo que nosotros sentimos cuando nos golpean o nos hacen daño.

"Y al que puede confirmaros *según mi evangelio y la predicación de Jesucristo, según la revelación del misterio que se ha mantenido oculto desde tiempos eternos, 26 pero que ha sido manifestado ahora, y que por las Escrituras de los profetas, según el mandamiento del Dios eterno, se ha dado a conocer a todas las gentes para que obedezcan a la fe, 27 al único y sabio Dios, sea gloria mediante Jesucristo para siempre. Amén". Romanos 16:25-27.*

A este Dios, es al que conocemos; que ya nos ha sido manifestado, que es Jesucristo. Solo que Jesús en su humanidad le llamaba Padre, porque quería enseñarnos a llamarle Padre. La Palabra de Dios dice: "Jesús le dijo: Yo soy el camino, *la verdad, y la vida; nadie viene al Padre, sino por mí". Juan 1:14* Jesús es el mismo que en el antiguo testamento mandó construir el tabernáculo, por mano de Moisés. Las puertas de las entradas ese nombre tenían: CAMINO, VERDAD Y VIDA. Jesús les estaba diciendo: yo soy ese tabernáculo. También les dice: "Nadie viene al Padre, sino por mí". No les dice: "nadie va al Padre sino por mi"; que diferencia tan grande, en otras palabras, les estaba diciendo: "Nadie viene al Padre que soy yo mismo". Jesús no se les revelaba tan directamente a los judíos, porque con el simple hecho de decirles algunas de esas cosas, ya lo quería matar, porque ellos decían que blasfemaba creyéndose Dios. Y en realidad era verdad, Él era el mismo Dios encarnado.

"La puerta de ingreso al atrio llamada Camino o derej en hebreo, se hallaba flanqueada por tres cortinas laterales de color blanco a sus lados (pág. 34). A esta primera cortina, en la tradición judía, la solían llamar: "Camino" o simplemente la puerta (pág. 39). El segundo velo: Verdad, esta cortina servía como puerta de ingreso al lugar Santo, Éxodo 26:36-37 "Harás para la puerta del tabernáculo una cortina de azul, purpura, carmesí y lino torcido, obra de recamador. 37 Y harás para la cortina cinco columnas de madera de acacia, las cuales cubrirás de oro, con sus capiteles de oro; y fundirás cinco basas de bronce para ellas". Esta cortina era denominada en hebreo: HA EMET, LA VERDAD (pág. 94). Tercer velo: Vida._ Este velo es el más importante porque conduce directamente al lugar Santísimo donde residía la Shekiná o Presencia Gloriosa del Rey de reyes manifestada en el Arca del Pacto que se hallaba ubicada en ese recinto sagradísimo (pág. 95)".[46]

Jesús quería que aprendiéramos a tener una relación con Él de Padre a hijo. Su humanidad le llamaba Padre, pero Él era y sigue siendo el Dios verdadero; el mismo del antiguo testamento. Desglosemos este texto:

---

[46] Real Sacerdocio y el glorioso santuario de Dios por David Dimond, Ed. Edigraf págs.34; 39; 94; 95

"E indiscutiblemente, grande es el misterio de la piedad: Dios fue manifestado en carne, justificado en el Espíritu, visto de los ángeles, predicado a los gentiles, creído en el mundo, recibido arriba en gloria". 1 Timoteo 3:16

MANIFESTADO EN CARNE.

¿A quién se refiere en este pasaje de las Escrituras? **A Jesús.** ¿Qué dice? Dios fue manifestado en carne. Jesús es el que vino a este mundo; solo que ahora ya no es un misterio, sino que hoy, ya se nos ha sido revelado. "Y aquel Verbo *fue hecho carne, y habitó entre nosotros (y vimos su gloria, gloria como del unigénito del Padre), lleno de gracia y de verdad". Juan 1:14* Que hermoso. Aquel Verbo fue hecho carne, está hablando de la Palabra, del que creó los cielos y la tierra. La Palabra de Dios nos dice:

"En el principio era el *Verbo, y el Verbo era con Dios, y el Verbo era Dios. 2 Éste era en el principio con Dios. 3 Todas las cosas por él fueron hechas, y sin Él nada de lo que ha sido hecho, fue hecho". Juan 1:1-3*

Estos pasajes nos relatan la unicidad del Todopoderoso: "Yo soy el alfa *y la omega, principio y fin, dice el Señor, el que es y que era y que ha de venir, el Todopoderoso". Apocalipsis 1:8* No hay otro como Él, solo hay un solo Dios verdadero, que hizo los cielos y la tierra; ese es el mismo que vino encarnado a éste mundo, nació, creció, cumplió su ministerio y murió por ti y por mí para remisión de nuestros pecados. ¿No es el mejor de todos? Ese era el propósito de Dios para la humanidad, salvarla. Porque el ser humano, por sus propias fuerzas no se puede salvar; tampoco por sus obras. "Porque por gracia *sois salvos por medio de la fe; y esto no de vosotros, pues es don de Dios; 9 no por obras, para que nadie se gloríe". Efesios 2:8-9* Así que ese Dios encarnado es Jesús.

159

JUSTIFICADO EN EL ESPÍRITU

¿Quién fue Justificado en el Espíritu? **Jesús**.

"Entonces Jesús vino de Galilea *a Juan al Jordán, para ser bautizado por él. 14 Mas Juan se le oponía, diciendo: Yo necesito ser bautizado por ti, ¿y tú vienes a mí? 15 Pero Jesús le respondió: Deja ahora, porque así conviene que cumplamos toda justicia. Entonces le dejó. 16 Y Jesús, después que fue bautizado, subió luego del agua; y he aquí los cielos le fueron abiertos, y vio al Espíritu de Dios que descendía como paloma, y venia sobre Él". Mateo 3:13-16*

"Así como Juan había dado nuevo sentido al rito judío del bautismo, así también Jesús pidió el bautismo por otra razón; para declarar públicamente su sumisión completa a la voluntad del Padre. Jesús no tenía pecado y no tenía por qué arrepentirse, hecho enfatizado por Juan el bautista (ver. 14)".[47]

A eso vino Jesús; a enseñarnos, y a darnos el ejemplo. El Espíritu Santo lo justificó; aunque fue hombre, no cometió pecado, en pocas palabras, Él mismo se justificó para enseñarnos que Él es el único que nos puede justificar. "Al que no conoció pecado, *por nosotros lo hizo pecado, para que nosotros fuésemos hechos justicia de Dios en Él". 2 Corintios 5:21* Y también: "Concluimos, *pues, que el hombre es justificado por fe sin las obras de la ley". Romanos 3:28*

Dios, cuando fue encarnado, se hizo hombre; se humilló hasta lo más bajo. Siendo Él, el Rey de reyes y Señor de señores, vino y tomó forma de siervo.

"El cual, siendo en forma *de Dios, no estimó el ser igual a Dios como cosa a que aferrarse, 7 sino que se despojó a sí mismo, tomando forma de siervo, hecho semejante a los hombres; 8 y estando en la condición de hombre, se humilló*

---

[47] Biblia de las Américas 1986, 1995, 1997 por Lockman Fundation pág. 1289

a sí mismo, haciéndose obediente hasta la muerte, y muerte de cruz". Filipenses 2:6-8

Dios pasó por todo esto, por amor; no había otra forma como poder salvar a la humanidad, porque dice la Palabra de Dios: "Por cuanto todos *pecaron, y están destituidos de la gloria a Dios". Romanos 3:23 Y también: "No hay quien entienda, No hay quien busque a Dios. 12 Todos se desviaron, a una se hicieron inútiles; no hay quien haga lo bueno, no hay ni siquiera uno". Romanos 3:11-12*

A causa de la desviación de todos, Cristo vino a morir por ti y por mí, y por cada pecador en el mundo que necesita de su salvación. Así que, cuando Jesús fue ascendido en gloria, volvió a su trono en victoria; porque pudo vencer la muerte en la cruz del calvario; pudo derramar su sangre preciosa como sacrificio único para perdón de los pecados; ya no se necesitan más sacrificios de animales, como solían hacer los sacerdotes para expiación de pecados. Ahora Cristo pagó el precio por nosotros; solo necesitamos creer en Él, que murió por nuestros pecados, recibirle como nuestro único y suficiente salvador, y bautizarte en su nombre.

Esta es la verdadera justificación, Dios vino encarnado a éste mundo para enseñarnos que por medio de su muerte, nos justifica; Él fue las primicias de todo, porque a eso vino, a enseñarnos.

VISTO DE LOS ÁNGELES.

"El diablo entonces le dejó y he aquí vinieron ángeles y le servían". Mateo 4:11

A los demonios también se les llama ángeles, (aunque esos son ángeles caído), Jesús fue visto tanto por ángeles celestiales y ángeles demoníacos, ninguno de ellos se perdió su venida a este mundo; mucho menos Satanás, el príncipe de este mundo, el cual no desaprovechó su tiempo queriendo destruir a Jesús; pero no pudo lograr su propósito. Satanás estaba luchando en contra de su propio Creador, no tenía esperanzas de ganar.

Jesús venció a Satanás en la cruz del calvario. Cuando el enemigo pensó que ya le había ganado, se llevó una gran sorpresa. Jesús tuvo que bajar al infierno, a tomar las llaves que el enemigo tenía apoderadas. *"Y el que vivo, y estuve muerto; mas he aquí que vivo por los siglos de los siglos, amen. Y tengo las llaves de la muerte y del Hades". Apocalipsis 1:18* También:

> *"Y eso de que subió, ¿qué es, sino que también había descendido primero a las partes más bajas de la tierra? 10 El que descendió, es el mismo que también subió por encima de todos los cielos para llenarlo todo". Efesios 4:9-10*

Jesús bajó a lo más profundo; tal vez Satanás y los demonios hacían fiesta a causa de la muerte de Jesús, pero, que sorpresa se llevaron cuando el Creador de la vida, el Todopoderoso, llegó allí, ¿te puedes imaginar la escena? De seguro no hallaban donde esconderse; pero ellos saben que de Dios nadie se puede esconder, así que fueron avergonzados y a la vez turbados; porque no sabían lo que estaba pasando; el Cristo de la gloria se presentó allí para que se dieran cuenta que no lo pudieron vencer.

Ya que ellos ya no pueden subir a la gloria del Todopoderoso y verlo, el Todopoderoso tuvo que bajar. Nadie de ellos se perdió ese evento, todos lo miraron, así que fue visto por los ángeles. *"Y los espíritus inmundos, al verle, se postraban delante de Él, y daban voces, diciendo: Tú eres el Hijo de Dios". Marcos 3:11*

> *"Esto os servirá de señal: Hallaréis al niño envuelto en pañales, acostado en un pesebre. 13 Y repentinamente apareció con el ángel una multitud de las huestes celestiales, que alababan a Dios, y decían: 14 ¡Gloria a Dios en las alturas, Y en la tierra paz, buena voluntad para con los hombres!" Lucas 2:12-14*

Desde que Jesús vino a éste mundo en carne, aun siendo un bebé, ya los ángeles le adoraban, y ellos sabían a lo que había sido destinado ese bebé cuando creciera. Ese era el propósito de Jesús en este mundo, hacer lo que nadie más haría por ti.

Tal vez nuestros padres, o aún nosotros como padres, podemos dar la vida por nuestros hijos o alguien más; pero nunca vamos a poderlos salvar de la condenación eterna, o el juicio venidero. Sólo Dios, Jesucristo, es el único que puede hacerlo, por eso te animo; si aún no lo conoces, búscalo, acércate a Él; si me preguntas ¿cómo puedo hacer eso? Simple:

1) Habla con Él, a esto se le llama orar. Entregarle tu vida, pídale perdón y que te enseñe su camino y propósito en esta vida.

2) Pídele que te dirija a una iglesia para que allí te den un seguimiento, y puedas ser salvo.

3) Y por último, sirve a Dios y adórelo el resto de tu vida. Con esto, usted está contribuyendo al propósito de Jesús en esta tierra.

PREDICADO A LOS GENTILES

¿Quién fue Predicado a los gentiles? **Jesús.**

"He aquí mi siervo, a quien he escogido; Mi Amado, en quien se agrada mi alma; pondré mi Espíritu sobre Él, y a los gentiles anunciará juicio". Mateo12:18

Dios no hace acepción de personas; Él nunca se olvidó de la demás humanidad, aunque tenía su pueblo escogido, Israel. Aun así, dice la Escritura que Él mismo hizo que su pueblo Israel, no miraran y oyeran para que el resto de la humanidad pudiera alcanzar salvación. Su Palabra dice: "De manera que *se cumple en ellos la profecía de Isaías, que dijo: De* oído oiréis, y no entenderéis; y *viendo veréis, y no percibiréis". Mateo 13:14 También: "A lo suyo vino, y los suyos no le recibieron. 12 Mas a todos los que le recibieron, a los que creen en su nombre, les dio potestad de ser hechos hijos de Dios". Juan 1:11-12*

Así que, si por un momento pensabas que no tenías esperanza de salvación, aquí está tu respuesta en el versículo 12, necesitas recibirle, creer en Él, y Jesús te va a dar el privilegio de ser llamado hijo de Él. Claro, el creer implica también bautizarse en su nombre: *"Y en su nombre esperarán los gentiles". Mateo 12:21 También: "Y para que los gentiles glorifiquen a Dios por su misericordia, como está escrito: Por tanto, yo te confesaré entre los gentiles, y cantaré a tu nombre". Romanos 15:9 En otro pasaje de la Escritura dice: "Sino, como está escrito: Aquellos a quienes nunca les fue anunciado acerca de Él, verán; y los que nunca han oído de Él, entenderán". Romanos 15:21*

Que hermoso privilegio nos dio el Señor, en brindarnos salvación, y una salvación inmerecida; porque en realidad, nadie es merecedor de ella; sino, que es por gracia, algo que no tenemos que pagar, es un regalo inmerecido. "Porque por gracia sois *salvos por medio de la fe; y esto no de vosotros, pues es don de Dios. 9 No por obras, para que nadie se gloríe". Efesios 2:8-9*

CREÍDO EN EL MUNDO.

"Y los que creían en el Señor aumentaban más, gran número así de hombres como de mujeres". Hechos 5:14

Jesús fue creído en el mundo por la gente; cuando los apóstoles hablaban de Jesús, la gente creía en Él, y se bautizaban. Así de esa manera eran salvos. Porque a eso vino Jesús a este mundo, a que la humanidad fuera salvo por medio de Él. Solo hay una manera de poder ser salvos.

El primer paso para la salvación es: **Arrepentirse de sus pecados.** Reconociendo que somos pecadores y solo por la sangre de Jesús podemos ser limpiados.

"Después que Juan fue encarcelado, Jesús vino a Galilea predicando el evangelio del reino de Dios, 15 diciendo: El tiempo se ha cumplido, y el reino de Dios se ha acercado; arrepentíos, y creed en el evangelio". Marcos 2:14-15

El segundo es: **Creer en Jesús.** Necesitamos creer en Jesús, para tener salvación. "El que creyere y fuere bautizado, *será salvo; más el que no creyere, será condenado". Marcos 16:16* El creer suelta bendición; porque si le crees a Jesús, y le obedeces, eso trae la salvación y vida eterna.

El tercer paso es: **Bautizarse en su nombre.** Cuando uno se bautiza, está lavando sus pecados; muere al viejo hombre, y resucita una nueva criatura. "Ahora, pues, *¿por qué te detienes? Levántate y bautízate, y lava tus pecados, invocando su nombre". Hechos 22:16* Su nombre tiene que ser invocado para que nuestros pecados sean lavados; ese nombre que es sobre todo nombre, Jesucristo. También:

"Este Jesús es la piedra reprobada por vosotros los edificadores, la cual ha venido a ser cabeza del ángulo. 12 Y en ningún otro hay salvación; porque no hay otro nombre bajo el cielo, dado a los hombres, en que podamos ser salvos". Hechos 4:11-12

Otro texto dice: "Y Crispo, el principal *de la sinagoga, creyó en el Señor con toda su casa; y muchos de los corintios, oyendo, creían y eran bautizados". Hechos 18:8*

RECIBIDO ARRIBA EN GLORIA

"Y el Señor, después *que les habló, fue recibido arriba en el cielo, y se sentó a la diestra de Dios". Marcos 16:19*

Sentado: "Persona, que obra juiciosamente, con reflexión y sensatez".[48]

La palabra *diestra* tiene dos significados en la Biblia: 1) Poder, autoridad, puesto de honor. 2) Derecha. He aquí ejemplos de ello:

Todos estos pasajes de la Biblia declaran que diestra es poder, autoridad, etc.

"Tu diestra, oh Jehová, ha sido magnificada en poder; Tu diestra, oh Jehová, ha quebrantado al enemigo". Éxodo 15:6 Solo el poder, la fuerza puede quebrantar al enemigo.

"Muestra tus maravillosas misericordias, tú que salvas a los que se refugian a tu diestra, de los que se levantan contra ellos". Salmo 17:7 Los que se refugian en su poder, son protegidos por Él.

"Me diste así mismo el escudo de tu salvación; tu diestra me sustentó, y tu benignidad me ha engrandecido". Salmo 18:35 El poder del Señor sustenta.

"Está mi alma apegada a ti; Tu diestra me ha sostenido". Salmo 63:8 Solo el poder de Dios nos puede sostener.

Estos textos hablan de mano derecha. (O sea derecha e izquierda). "Ahora, pues, *si vosotros hacéis misericordia y verdad con mi señor, declarádmelo; y me iré a la diestra o a la siniestra". Génesis 24:49*

"Pasaré por tu tierra en el camino; por el camino iré, sin apartarme ni a diestra ni a siniestra". Deuteronomio 2:27

Es por eso, que algunos confunden que en el cielo está Dios el Padre, y a su lado Jesús Hijo; pero cuando entendemos el significado de las palabras "diestra" lo entendemos correctamente. Además la Escritura no dice que hay dos tronos en el cielo, solo declara uno. "Y al instante yo estaba *en el Espíritu; y he aquí, un trono establecido en el cielo, y en el trono, uno sentado". Apocalipsis 4:2.* "Porque el

---

[48] Diccionario de la Lengua Oxford

166

Cordero *que está en medio del trono los pastoreará, y los guiará a fuentes de aguas de vida; y Dios enjugará toda lagrima de los ojos de ellos".* Apocalipsis 7:17

Jesucristo salva, la Palabra de Dios dice: "Que no hay otro nombre dado a los hombres en quien podamos ser salvos". (Hechos 4:12), Jesucristo es el nombre revelado de Dios, Él es el único que nos puede salvar.

Jesús, después de resucitar, anduvo cuarenta días con los discípulos, enseñándoles que era necesario que Él ascendiera al Padre, pero, que no los iba a dejar solos; sino que iba a mandar al consolador, al Espíritu Santo. Jesús es Dios, Jesús es el Padre, y ¿por qué dice que va al Padre? Jesús cuando vino a esta tierra, era humano de carne y hueso; pero también era Dios. Así que en su humanidad habla de ir al Padre. La Biblia dice claramente que Dios es uno: "Porque Dios es uno, *y Él justificará por la fe a los de la circuncisión, y por medio de la fe a los de la incircuncisión".* Romanos 3:30 También: *"Tú crees que Dios es uno; bien haces. También los demonios creen, y tiemblan".* Santiago 2:19

Dios, al que llamamos Padre, no comparte su gloria con nadie, así lo dice su Palabra: "Yo Jehová; éste es mi *nombre; y a otro no daré mi gloria, ni mi alabanza a esculturas".* Isaías 42:8

Dios no comparte su gloria con nadie; no porque sea egoísta, si no, porque Él es el creador de todo, nadie le ayudó; Él lo hizo todo para beneficio de Él mismo. Muchos han querido empañar la verdad de Dios por su soberbia, pero no lo han logrado. Pierden su tiempo buscando pruebas para demostrar que Dios no existe; pero muchos de ellos terminan dándose cuenta que en todo está Dios.

"Y habiendo dicho estas cosas, viéndolo ellos, fue alzado, y le recibió una nube que le ocultó de sus ojos". Hechos 1:9

"Y Jesús le dijo: Yo soy; y veréis al Hijo del Hombre sentado a la diestra del poder de Dios, y viniendo en las nubes del cielo". Marcos 14:62

Jesús le contesto: Yo soy, ¿se acuerdan del "GRAN YO SOY", Jehová de los ejércitos, al que le habló Moisés en medio de la zarza? Es el mismo, en ese tiempo su nombre aún no había sido revelado. Moisés le pregunta a Jehová ¿Quién les voy a decir que me envía? Y el Todopoderoso le contesta: "YO SOY" es el que te envía. "Y respondió Dios a Moisés: *YO SOY EL QUE SOY. Y dijo: Así dirás a los hijos de Israel: YO SOY me envió a vosotros". Éxodo 3:14.*

La Biblia declara que el que fue recibido arriba en gloria fue Jesús, y en: 1 Timoteo 3:16 dice que fue Dios en todas sus manifestaciones. La Palabra de Dios no se contradice, así que nos está diciendo que: **JESÚS ES DIOS.**

"Cuando les dijo: Yo soy, retrocedieron, y cayeron a tierra". Juan 18:6 Jesús en este pasaje les está diciendo: "YO SOY" es el que está con ustedes, el que saco a sus antepasados de Egipto. Pero ellos estaban cegados, no entendían que el propio Dios estaba allí, el mismo que iban a arrestar para matarlo, pero ellos no entendieron; porque ya estaba escrito:

"Porque el corazón de este pueblo se ha engrosado, y con los oídos oyen pesadamente, y han cerrado sus ojos; para que no vean con los ojos, y oigan con los oídos, y con el corazón entiendan, y se conviertan, y yo los sane". Mateo 13:15

Dios tenía un propósito cuando mandó a su hijo (el mismo Dios encarnado) a morir a este mundo por nuestros pecados.

"Jehová está en su santo templo; Jehová tiene en el cielo su trono; sus ojos ven, sus párpados examinan a los hijos de los hombres". Salmos 11:4

"Juan, a las siete iglesias que están en Asia: Gracia y paz a vosotros, del que es y que era y que ha de venir, y de los siete espíritus que están delante de su trono". Apocalipsis 1:4

"Y al instante yo estaba en el Espíritu; y he aquí, un trono establecido en el cielo, y en el trono, uno sentado". Apocalipsis 4:2

"Después me mostró un río limpio de agua de vida, resplandeciente como cristal, que salía del trono de Dios y del Cordero". Apocalipsis 22:1

Solo un trono se registra en la Palabra de Dios, y ¿entonces, como Jesús estaba sentado a la diestra de Dios, sí no hay dos tronos? Es porque Jesús (Dios encarnado), cuando murió en la cruz, venció la muerte al resucitar al tercer día, y a causa de eso, Él tomó toda autoridad, todo dominio, o sea, la palabra sentado a la diestra es: Esta puesto en toda autoridad, poder, dominio.

"Porque todas las cosas las sujetó debajo de sus pies. Y cuando dice que todas las cosas han sido sujetadas a Él, claramente se exceptúa aquel que sujetó a Él todas las cosas. 28 Pero luego que todas las cosas le estén sujetas, entonces también el Hijo mismo se sujetará al que le sujetó a Él todas las cosas, para que Dios sea todo en todos". 1 Corintios 15:27-28

Hay un solo Dios verdadero; no confundamos sus manifestaciones con su deidad. No son tres personas, sino tres manifestaciones; pero solo un Dios.

"Nadie subió al cielo, sino el que descendió del cielo; el Hijo del Hombre, que está en el cielo". Juan 3:13

"Hasta el día en que fue recibido arriba, después de haber dado mandamientos por el Espíritu Santo a los apóstoles que había escogido". Hechos 1:2

"Quien habiendo subido al cielo está a la diestra de Dios; y a Él están sujetos ángeles, autoridades y potestades". 1 Pedro 3:22

"Y Jehová será rey sobre toda la tierra. En aquel día Jehová será uno, y uno su nombre". Zacarías 14:9

"Porque el Padre a nadie juzga, sino que todo el juicio dio al Hijo". Juan 5:22

"Escrito está en los profetas: Y serán todos enseñados por Dios. Así que, todo aquel que oyó al Padre, y aprendió de Él, viene a mí". Juan 6:45

El mismo Jesús hablando en esta escritura.

"A éste, Dios ha exaltado con su diestra por Príncipe y Salvador, para dar a Israel arrepentimiento y perdón de pecados". Hechos 5:31 Aquí dice que Jesús perdona pecado, y la Biblia aclara que el único que puede perdonar pecados es Dios.

COMO ESPIRITU SANTO

"Más el Consolador, el Espíritu Santo, a quien el Padre enviará en mi nombre, Él os enseñará todas las cosas, y os recordará todo lo que yo os he dicho". Juan 14:26

Jesús prometió a sus discípulos no dejarlos solos; sino, que su presencia iba a estar con ellos siempre; solo les mandó que se quedasen en el aposento alto por unos días, (diez días) y allí esperarán la promesa del Espíritu Santo.

"Cuando llego el día del pentecostés, estaban todos unánimes juntos. 2 Y de repente vino del cielo un estruendo como de un viento recio que soplaba, el cual llenó toda la casa donde estaban sentados; 3 y se les aparecieron lenguas repartidas,

como de fuego, asentándose sobre cada uno de ellos. 4 Y fueron todos llenos del Espíritu Santo, y comenzaron a hablar en otras lenguas, según el Espíritu les daba que hablasen". Hecho 2:1-4

El pentecostés era una fecha, en la cual los judíos, de todas partes del mundo se reunían en Jerusalén para celebrarlo. Esta fiesta significa mucho para ellos. Y justo en esa fecha fue cuando el Espíritu Santo fue derramado sobre los ciento veinte que estaban reunidos (aproximadamente). No es una casualidad; Dios los reunió allí para que escucharan las maravillas de su poder, por medio de sus apóstoles. (Hch. 2:5-13)

"Pentecostés o fiesta de las semanas. La segunda de las tres solemnidades anuales (Pascua, fiesta de las semanas y Fiesta de las Cabañas o de los Tabernáculos) en las cuales todos los varones israelitas se debían presentar en el santuario. Era la primera de las fiestas que tenía que ver con la cosecha (Ex 34:22, 23; 2 Cr. 8:12, 13; 1 R. 9:25) Recibía el nombre de Fiesta de las semanas porque su fecha estaba fijada en siete semanas después de la ofrenda de la gavilla de cebada (Lv. 23:15, 16; cfr Dt. 16:9,10) La gavilla era mecida al día siguiente de un sábado (Lv. 23:11) La opinión más acreditada sitúa este día en el primer día de la Fiesta de los Panes sin levadura. Así lo presenta la LXX (lv. 23:7,11), al igual que los organizadores de los servicios del templo de Zorobabel. (Ant. 3:10, 5). Así la Fiesta de las semanas tomó el nombre de Pentecostés debido a que se celebraba en el día quincuagésimo".[49]

El Espíritu Santo es poder. *"Pero recibiréis poder, cuando haya venido sobre vosotros el Espíritu Santo, y me seréis testigos en Jerusalén, en toda Judea, en Samaria, y hasta lo último de la tierra". Hechos 1:8*

---

[49] Nuevo Diccionario Bíblico Ilustrado por Villa Escuain 1985 Ed. Clie Pág. 916

171

El Espíritu Santo es Consolador. "Pero cuando venga *el Consolador, a quien yo os enviaré del Padre, el Espíritu de verdad, el cual procede del Padre, el dará testimonio acerca de mí"*. *Juan 15:26*. Otro Pasaje: "Pero yo os digo la verdad: *Os conviene que yo me valla; porque si no me fuera, el Consolador no vendría a vosotros; más si me fuere, os lo enviaré"*. *Juan 16:7*

"Porque tres son los que dan testimonio en el cielo: el Padre, el Verbo y el Espíritu Santo; y estos tres son uno". *1 Juan 5:7*

JESUS ES DIOS, JESUS ES EL PADRE, JESUS ES EL HIJO, JESUS ES EL ESPIRITU SANTO. AMEN.

Capitulo 8

NO ERES UN ACCIDENTE

"Mi embrión vieron tus ojos, y en tu libro estaban escritas todas aquellas cosas que fueron luego formadas, sin faltar una de ellas".
Salmos 139:16

Dios no comete errores; el humano es el que los comete. Cuando una pareja tiene intimidad, y no quiere concebir hijos en ese momento, y por algún motivo la mujer queda embarazada, algunos padres lo consideran un "accidente". Lo llaman así porque no fue planeado por ellos.

Algunos padres deciden abortarlo, porque no estaba esa criatura en sus planes; otros deciden tenerlo. Pero, muchas veces cuando deciden tenerlo, lo llaman ante su familia o amistades "accidente" porque le dicen a los demás: Este niño no lo planeamos, se vino por accidente, jajajaja. Si el niño lo escucha, se puede sentir mal, incluso rechazado. Otros lo toman como una broma y siguen su vida.

No se diga en jovencitas, que por un momento de placer con su novio, quedan embarazadas. Un hijo es el fruto del amor; pero muchos, solo han sido fruto del deseo sexual. Algunos jóvenes ni siquiera se conocen bien; muchos de ellos solo asisten a una fiesta que los invitaron, y allí a muchos los comprometen a unirse a otros jóvenes para tener relaciones sexuales, y en ese acto, muchas jovencitas han quedado embarazadas.

Te preguntaras, ¿es la voluntad de Dios que nazcan y crezcan niños sin un papá o sin su mamá? Esa no es la voluntad de Dios. Dios desde un principio, instituyó la familia; y en realidad es lo más hermoso que puede haber en este mundo. Lo que sí es voluntad de Dios es que tú y yo viniéramos a este mundo.

"Muchos antes de que fueran concebidos por sus papas, fuiste diseñado en la mente de Dios. Él pensó en ti primero. No es a causa del destino, ni de la casualidad, ni de la suerte, ni tampoco es una coincidencia que en este mismo instante estés respirando. ¡Tienes vida porque Dios quiso crearte!"[50]

Dios dice claramente, que toda criatura que se está formando en el vientre, es por voluntad de Él. "Reconoced que Jehová es Dios; Él nos hizo, y no nosotros a nosotros mismos; pueblo suyo somos, y ovejas de su prado". Salmos 100:3

---

[50] Una vida con propósito Rick Warren. Ed. Vida pág. 21

Dios usa la cimiente del hombre para engendrar en el ovulo de la mujer, pero desde un principio Dios así nos creó, para poder procrear hijos; pero todo es por voluntad de Dios.

"No fue encubierto de ti mi cuerpo, bien que en oculto fui formado, y entretejido en lo más profundo de la tierra.16 Mi embrión vieron tus ojos, y en tu libro estaban escritas todas aquellas cosas que fueron luego formadas, sin faltar una de ellas". Salmos 139:15-16

Dios es el que forma y teje el cuerpecito de un bebe en el vientre, Él así lo hizo desde el principio de la fundación del mundo. Todo lo creo bien, y su Palabra dice: Que todo lo que era creado por la Palabra, era bueno. "Y vio Dios todo *lo que había hecho, y he aquí que era bueno en gran manera. Y fue la tarde y la mañana el día sexto". Génesis 1:31*

El ser humano es el que ha cambiado las cosas, y ha hecho que algunas de ellas no sean buenas; y la principal fuente de todo esto fue y sigue siendo la desobediencia.

La desobediencia a Dios ha traído consecuencias muy graves. La primera de ellas fue la expulsión de Adán y Eva del Jardín del Edén. A causa de este acontecimiento, tenemos repercusiones hasta el día de hoy. Dice un dicho, "la curiosidad mato al gato". Dios les mandó no comer de un árbol en ese huerto, y ellos quebrantaron el mandato del Todopoderoso comiendo de él.

Y mandó Jehová Dios al hombre, diciendo: De todo árbol del huerto podrás comer; 17 más del árbol de la ciencia del bien y del mal no comerás; porque el día que de él comieres, ciertamente morirás". Génesis 2:16-17

A causa de esa desobediencia, fueron expulsados del Edén; pero no porque Dios fuera malo; sino porque ellos al quebrantar el mandato, vino esa consecuencia. Una madre soltera no puede culpar a Dios de lo que le está pasando; la mayoría del tiempo nosotros somos responsables de nuestras consecuencias; el estar en el lugar no indicado puede traer una mala consecuencia, el andar con personas no indicadas trae consecuencias negativas a nuestra vida.

Un hijo a una edad temprana puede ser un estorbo; es por eso que muchos deciden deshacerse del estorbo, ya sea en el vientre con un aborto, otros, mas consientes, los dejan en un orfanato, a la puerta de una casa, o junto a la basura. Cualquiera que haya sido la circunstancia para los padres, es un asunto olvidado. Otros también lo hacen porque no tienen recursos económicos, y por consecuencia, no tienen que ofrecerle a ese bebé.

Déjeme decirle, que cualquiera que haya sido la situación, para Dios no hay excusas; los padres tuvieron un "accidente", pero Dios no. Con esto quiero decirle que para Dios no hay accidentes; a Dios no le interesa en la manera que fuiste engendrado; Él te trata y te ama igual que a todos, aunque tus padres no lo hagan. No eres un accidente. Dios no se equivoca. Ningún Padre tiene el derecho de quitarle la vida a un ser viviente, y mucho menos a un indefenso bebé.

"Aunque haya padres ilegítimos, no hay hijos ilegítimos. Muchos hijos no son planeados por sus padres, sino por Dios. El propósito divino tuvo en cuenta el fallo humano, inclusive el pecado. Dios nunca hace nada por casualidad, ni tampoco comete errores".[51]

Quiero compartir una historia de una mujer que trabajó ocho años en una clínica de aborto (planned parenthood), su familia no estaba de acuerdo que ella trabajara allí, pero ella en su ignorancia a esa rama, creía que estaba haciendo lo correcto aconsejando a abortar a todas esas chicas. Ella estaba segura que hacia lo correcto,

---

[51] Una vida con propósito por Rick Warren, pág. 22 Ed Vida

176

pero después de una experiencia que tuvo, se dio cuenta de lo contrario. Esta es su historia:

Historia de Abby Johnson, en su libro: Sin planificar.

Cheryl asomó la cabeza por la puerta de mi despacho: «Abby, necesitan a alguien en la sala de exploraciones. ¿Estás libre?». Levanté la vista de mis papeles: «Sí, claro». Aunque llevaba ocho años en Planned Parenthood, nunca me habían pedido que fuera a la sala de exploraciones para ayudar al equipo médico durante un aborto, y no tenía ni idea de por qué requerían mi presencia ahora. Las enfermeras en prácticas eran las que solían ayudar en los abortos, no otro tipo de personal. Como directora de la clínica de Bryan (Texas) era capaz de suplir cualquier puesto durante un pico de trabajo, excepto, como es lógico, el propio de médicos y enfermeras. En muchas ocasiones, había aceptado peticiones de pacientes para que les acompañara o les diera la mano durante una intervención, pero solo lo hice cuando había sido yo quien les había atendido en el proceso de admisión y orientación. Hoy ese no era el caso. Entonces, ¿para qué me necesitaban?

El médico que estaba realizando el aborto había estado en la clínica Bryan solo dos o tres veces antes. Tenía una consulta privada a unas cien millas de allí. Cuando hablé con él varias semanas antes, me contó que en su consulta solo practicaba abortos guiados por ecografía, un método con menos riesgos para la mujer porque permite al médico ver en todo momento lo que está ocurriendo dentro. Con este procedimiento se reducen las posibilidades de perforación de las paredes del útero, uno de los riesgos de estas intervenciones. Lo acepté. Cuanto más puedas hacer por reforzar la seguridad y la salud de la mujer, mucho mejor. Sin embargo, yo también le expliqué que esa técnica no estaba contemplada en el protocolo de nuestra clínica. Lo comprendió y dijo que seguiría nuestros procedimientos habituales, aunque acordamos que era libre de usar el ecógrafo si consideraba que la situación lo requería.

Según tenía conocimiento, nunca hacíamos abortos guiados por ecografía en nuestras instalaciones. Los abortos solo se hacían los sábados cada quince días, y el objetivo que nos había asignado la central de Planned Parenthood era que, en esos días, debían llevarse a cabo entre veinticinco y treinta y cinco intervenciones. Solíamos acabar todas sobre las dos de la tarde. Nuestro procedimiento habitual tardaba unos diez minutos, pero, si había que hacer una ecografía, se sumaban cinco minutos más, y, cuando intentas programar treinta y cinco abortos en un día, ese tiempo extra hay que tenerlo en cuenta.

Experimenté una sensación de rechazo antes de entrar en la sala. Nunca me gustaba entrar allí durante una intervención y recelaba de lo que ocurría dentro cuando veía la puerta cerrada. Pero, como todos debíamos estar disponibles para ayudar y sacar adelante el trabajo, abrí la puerta y entré.

La paciente ya estaba sedada, consciente todavía, pero medio dormida, mientras la luz brillante caía sobre ella.

Estaba en la posición indicada, el instrumental cuidadosamente ordenado en una bandeja próxima al médico, y la enfermera en prácticas colocando el ecógrafo cerca de la mesa de operaciones.

«Voy a practicar un aborto guiado por ecografía a esta paciente. Necesito que sostengas la sonda sobre ella», explicó. Mientras cogía la sonda del ecógrafo y ajustaba las especificaciones, me decía a mí misma, no quiero estar aquí, no quiero participar en un aborto. Actitud equivocada: necesitaba concienciarme para hacer ese trabajo. Respiré profundamente e intenté concentrarme en la música que venía de una radio lejana. Es un buen aprendizaje. Nunca he visto un aborto guiado por ecografía antes, me dije.

Quizá esto me ayude a orientar mejor a las mujeres que vienen por aquí. Aprenderé de primera mano algo de este procedimiento tan seguro. Y, además, solo durará unos pocos minutos.

No podía imaginar hasta qué punto esos diez minutos sacudirían la base sobre la que se asentaban mis valores y terminarían cambiando mi vida.

Había hecho ecografías diagnósticas antes, de forma ocasional. La familiaridad con el procedimiento compensó la incomodidad que sentía en aquella sala. Apliqué el lubricante sobre el vientre de la paciente y deslicé la sonda hacia abajo hasta que el útero pudo verse en la pantalla.

Esperaba ver lo que ya había contemplado en anteriores ecografías. En función del tiempo de embarazo y la posición del feto, lo normal es que observara una pierna, o la cabeza, o alguna imagen parcial del abdomen, y necesitaba que se moviera para captar todo mejor en la pantalla.

Pero esta vez la imagen era completa. Podía ver el perfil perfecto y entero de un bebé. Igual que Grace a las doce semanas, pensé, sorprendida al recordar la primera vez que vi a mi hija, tres años antes, acurrucada y segura dentro de mi vientre. La imagen que tenía ahora ante mí parecía la misma, más clara y nítida.

El detalle me estremeció. Podía ver claramente el perfil de la cabeza, los dos brazos, las piernas e incluso sus dedos diminutos. Todo perfecto.

De pronto, una oleada de ansiedad sustituyó al recuerdo cálido de Grace. ¿Qué voy a presenciar? Mi estómago se contrajo. No quiero ver lo que está a punto de ocurrir. Supongo que esto suena un poco extraño viniendo de una profesional que ha estado dirigiendo una clínica de Planned Parenthood durante dos años, orientando a mujeres en crisis, concertando citas para intervenciones, revisando los informes mensuales del presupuesto de la clínica, contratando y formando personal. Suene extraño o no, el hecho era que nunca estuve interesada en promover el aborto. Había llegado a la organización ocho años antes, creyendo que su propósito era prevenir embarazos no deseados y, por tanto, reducir el número de abortos. Ese era de verdad mi objetivo. Y creía que en esta clínica se salvaban vidas, las de las mujeres que, sin los servicios que allí se ofrecían, podían terminar en una carnicería practicada en un cuarto oscuro. Todo esto pasaba por mi mente a toda velocidad mientras mantenía la sonda cuidadosamente colocada en su lugar.

«Trece semanas», escuché a la enfermera decir después de medir el feto para determinar el tiempo de gestación.

«Está bien», dijo el doctor mirándome, <<sostén la sonda durante la intervención para que pueda ver lo que estoy haciendo». El aire acondicionado de la sala me hacía sentir frío.

No podía apartar de mi mente la vista de aquel bebé perfectamente formado, que volví a contemplar como si fuera una imagen nueva en la pantalla. La cánula, un instrumento estrecho conectado al tubo de succión, había sido introducida en el útero y estaba cerca del bebé. En la pantalla se asemejaba a un objeto invasor, como si estuviera fuera de lugar. En un lugar equivocado. Como si se hubiera confundido de sitio.

Mi corazón se aceleró. El tiempo se detuvo. No quería mirar, pero no podía dejar de hacerlo. Estaba horrorizada y fascinada al mismo tiempo, como el curioso que pasa despacio con su coche cerca del lugar de un accidente, intentando no mirar pero a la vez sin poder evitarlo.

Mis ojos se detuvieron en el rostro de la paciente. Las lágrimas le brotaban de la comisura de los ojos. Era evidente que tenía dolores. La enfermera le enjugaba la cara con un pañuelo de papel.

«Solo respira», le decía con amabilidad. «Respira».

«Casi hemos terminado», suspiré. Quería prestarle atención a ella, pero mi mirada se volvió a la imagen de la pantalla que tenía tras de mí.

Al principio, el bebé no pareció darse cuenta de la presencia de la cánula, que se había acercado con sigilo a un lado del cuerpo. Por un instante sentí alivio. Por supuesto, pensé. El feto no siente dolor.

Se lo había asegurado a incontables mujeres, tal y como me lo habían enseñado en Planned Parenthood. El tejido fetal no siente nada cuando es extraído. Tranquilízate, Abby. Solo es una intervención médica sencilla y rápida. Mi cabeza bullía a toda velocidad, intentando controlar mis respuestas, pero no podía evitar que el desasosiego interior que me invadía se fuera convirtiendo en horror a medida que contemplaba lo que ocurría.

El siguiente movimiento fue la repentina sacudida de un pequeño pie. El bebé daba patadas, como si intentara huir del extraño invasor. Mientras la cánula avanzaba, el bebé empezó a luchar por darse la vuelta. Estaba claro que el feto podía sentir la proximidad de la cánula y que aquello le daba mala espina. Y entonces irrumpió la voz del doctor, sobresaltándome.

«Scotty, tele-transpórtame»* , le dijo divertido a la enfermera.

Le estaba pidiendo que conectara el modo de succión (en un aborto, este modo no se pone en marcha hasta que el doctor comprueba que la cánula está en el lugar correcto).

Tuve ganas de gritar: «¡Parad, por favor!». De decirle a la mujer: «¡Mira lo que está pasando con tu hijo! ¡Despierta, rápido! ¡Detenlos!».

Mientras pensaba en estas palabras contemplaba mi propia mano sosteniendo la sonda sobre el vientre de la mujer. Yo era uno de los «actores» que participaban en aquella función. Miré de nuevo la pantalla. El médico había girado la cánula y pude ver un cuerpo minúsculo retorcerse violentamente. Por un breve instante pareció como si el bebé se hubiese escurrido como un paño de cocina, retorcido y arrugado. Y entonces, el pequeño cuerpo se estrujó y empezó a desaparecer ante mis ojos por la cánula. La última cosa que vi fue una columna vertebral, diminuta y perfectamente formada, succionada por el tubo. Se había acabado. El útero estaba vacío. Totalmente vacío.

Me quedé paralizada, incrédula. Sin darme cuenta, solté la sonda. Se deslizó por el vientre de la paciente y cayó sobre su pierna. Podía sentir tan fuerte el ritmo acelerado de mi corazón que lo notaba en el

181

cuello. Intenté respirar profundamente, pero no podía. Miré la pantalla fijamente, a pesar de que yo misma había perdido la imagen y solo se veía oscuro. Pero no me daba cuenta de nada.

Estaba demasiado aturdida y afectada para moverme. Podía escuchar la conversación entre el médico y la enfermera mientras trabajaban, pero sonaban distantes, como un vago murmullo de fondo, difícil de oír entre las palpitaciones de la sangre que se agolpaba en mis oídos.

La imagen de ese cuerpo minúsculo, destrozado y succionado, se repetía en mi mente, al igual que la primera ecografía de Grace, casi del mismo tamaño. Y pude escuchar en mi memoria una de las muchas discusiones que había tenido con mi marido, Doug, sobre el aborto.

<<Cuando estaba embarazada de Grace, no era un feto: era ya un bebé», me decía. Aquello me cayó como un rayo: ¡Tenía razón! Lo que estaba en el vientre de esta mujer hasta hace un momento estaba vivo. No es solo un tejido, unas células. ¡Era un bebé, un ser humano luchando por su vida! Una batalla que perdió en un abrir y cerrar de ojos. Lo que había estado diciendo a mucha gente durante muchos años, aquello en lo que creía y había enseñado y defendido, era una mentira.

Advertí, de repente, que el médico y la enfermera me miraban. Esto me sacó de mis pensamientos. Vi la sonda sobre la pierna de la mujer y fui a tientas a recogerla. Mis manos temblaban.

«Abby, ¿estás bien?», preguntó el doctor. La enfermera me miraba, buscando en mi rostro alguna señal de preocupación.

«Sí, estoy bien». No había vuelto a colocar correctamente la sonda sobre el vientre y ahora estaba preocupada porque el médico no podía ver bien el interior del útero.

Mi mano derecha sostenía la sonda mientras la izquierda estaba cuidadosamente colocada sobre el tibio vientre de la mujer. Posé mis ojos sobre ella. Encontré muchas lágrimas y una mueca de dolor. Moví la sonda hasta que pude volver a capturar la imagen del útero, ya vacío. Observé mis manos. Las miré como si no fueran mías.

¿Cuánto dolor han causado estas manos en los últimos ocho años? ¿Cuántas vidas se han llevado por delante? No por culpa de ellas, sino de mis palabras. ¿Qué habría pasado si hubiese sabido la verdad y se lo hubiera dicho a todas esas mujeres?

¿Qué habría pasado?

¡Había creído hasta entonces en una mentira! Durante mucho tiempo había defendido ciegamente «la versión de la empresa». ¿Por qué? ¿Por qué no había buscado la verdad por mí misma? ¿Por qué hice oídos sordos a los argumentos que había escuchado? Dios mío, ¿qué había hecho?

Tenía la sensación de que esa mano, todavía sobre el vientre de la mujer, se había llevado algo. Se lo había robado. Y sentí dolor, como si me hubiera hecho una herida.

Justo allí, al lado de la mesa, con mi mano sobre ella, un pensamiento emergió de lo más hondo:

¡Nunca más! Nunca más.

Seguí trabajando de forma mecánica. Mientras la enfermera limpiaba a la mujer, retiré el ecógrafo y le ayudé a incorporarse. Todavía estaba grogui y sin fuerzas. La senté en una silla de ruedas y la llevé a la sala de recuperación. La tapé con una manta ligera. Como muchas otras pacientes que había visto, seguía llorando, con un inequívoco dolor físico y emocional. Hice lo que pude para que se sintiera cómoda.

Habían transcurrido diez minutos, puede que quince,

desde que Cheryl me pidió que ayudara en la sala de exploraciones. En esos pocos minutos, todo cambió. Drásticamente. La imagen de aquel bebé diminuto, retorciéndose y luchando, volvía a mi mente una y otra vez. Y también la imagen de la mujer. Me sentía culpable. Le había usurpado algo maravilloso y, probablemente, ella ni lo sabía.

¿Qué había pasado? ¿Cómo pudo ocurrir todo esto?

Había invertido mi vida, mi carrera y mi corazón en esta organización porque me preocupaban las mujeres en crisis. Y ahora atravesaba yo una de ellas.

Al recordar ese día de septiembre de 2009, me doy cuenta de lo sabio que es Dios al no revelarnos qué nos deparará el futuro. De no haber pasado por todo lo que pasé, no habría tenido valor para cambiar. De no haber conocido aquella circunstancia, no habría encontrado ese coraje. Entonces intenté comprender las razones que me habían llevado a esa situación: a vivir en la mentira, a difundirla y a perjudicar a tantas mujeres que en realidad quería ayudar. Y, desesperadamente, sentí la necesidad de saber qué debía hacer a partir de entonces. Esta es mi historia.[52]

Abby Johnson ahora es una activista provida; gracias a Dios.

"He aquí, herencia de Jehová son los hijos; cosa de estima el fruto del vientre". Salmos 127:3

"El corazón del bebé comienza a formarse inmediatamente después de la concepción y termina de formarse a las 8 semanas de gestación."[53] O sea, desde el momento de la concepción, el feto ya tiene vida.

Muchos dicen: Este es mi cuerpo, y yo puedo hacer lo que quiera con él; con todo respeto, el ser humano no se creó a sí mismo, el ser humano es creación de Dios, por lo tanto, Él es el único que puede decidir qué hacer con el cuerpo. Pero nosotros como humanos queremos desobedecer a Dios sin importar las consecuencias. Sin

---

[52] Sin planificar por Abby Johnson pág. 19-27 ed. Palabra

[53] https://www.goredforwomen.org/es/health-topics/congenital-heart-defects/symptoms--diagnosis-of-congenital-heart-defects/fetal-echocardiography--your-unborn-babys-heart

Dios nada somos, estamos muertos espiritualmente. El alejarse de Dios ha sido el problema más grande de la humanidad.

Si a un carro se le abandonan de su creador o de la persona dueña del mismo, y tiene algún problema, se va a ir deteriorando poco a poco. Sólo el que inventó el vehículo sabe perfectamente cómo arreglarlo, él mismo hizo el manual, sabe exactamente cómo funciona, en qué tiempo hacerle sus servicios, que productos usar, etc. Así Dios, Él nos creó. Solo Él sabe exactamente qué es lo que necesitamos para vivir una vida plena. Pero si el humano se aleja de su creador, se muere (hablando espiritualmente); necesita el manual para saber que hacer de su vida. Déjeme decirle que el manual que Dios nos dejó es la Biblia, si la estamos leyendo constantemente y la obedecemos, vamos a vivir una vida plena en Dios, sin temores.

EL ABORTO EN UNA VIOLACION

¿Habrá algún caso en el que Dios apruebe un aborto? ¿Qué me dice de una joven que fue violada? Cuando una persona es violada, y queda embarazada por ese acto, ¿cree usted que ella quiere tener ese bebé? Personalmente creo que no. Póngase en el lugar de la muchacha; en ese momento está pasando por un trauma psicológico muy fuerte. Pero aun con ese trauma y en ese problema, Dios no quiere que ese bebé muera.

Una vez en la radio cristiana, escuché un testimonio de una hermana, su nombre es Rosa, ella decía:

Cuando yo era una jovencita, un hombre me violó; y a causa de ese acto quedé embarazada. Yo no quería tener a ese bebé, lo quería abortar; en realidad quería desaparecer toda evidencia que me pudiera recordar esa tragedia en mi vida; pero, cuando estaba a punto de llegar a esa clínica, me encontré a una mujer, ella me miró y me preguntó, ¿Te puedo ayudar en algo? yo iba llorando y muy confundida; la razón era porque algo muy dentro de mí me decía que no lo hiciera, pero mi mente decía lo contrario. No sé cómo pasó, pero en un momento tan repentino, ella me dijo: Hija, no estás sola, no sé realmente lo que te esté pasando, pero puedo mirar una tristeza y confusión muy grande en tu alma. Me asombré de sus palabras, pero, a la vez quise evadirla y seguí mi camino con lágrimas en los ojos. Ella no se dio por vencida y me dijo: ¿Te gustaría sanar esa herida que traes en tu corazón? Yo le contesté: A usted, ¿Qué le importa mi vida? ¡Déjeme en paz! Ella me contesta con un tono suave: a Dios le importa tu vida. Esas palabras me conmovieron, así que volví mi rostro hacia ella y le puse atención; ella me empezó a hablar de la Palabra de Dios, oró por mí, y después de saber mi desdicha, me llevó a su casa (porque yo no tenía a nadie en este país); después de hablar conmigo, decidí no abortar, luego, empecé a ir con ella a la iglesia y después de unos días, le entregué mi vida al Señor, y tuve a mi hijo; le di la oportunidad de vivir.

Todo esto no fue fácil para mí, pero con la ayude de Dios pude salir adelante; también asistí a consejerías acerca del problema. No me arrepiento de haber dejado vivir a mi hijo, él, le sirve al Señor; ahora de grande es un predicador que gana muchas almas para el reino de los cielos, porque él sabe que "no es un accidente".

Hay esperanza en Jesús, no le niegues la vida a un ser humano. Hay otras opciones que puedes hacer sin llegar a ese extremo. La decisión está en nuestras manos. Una persona que ha pasado por una violación, se siente culpable (aunque no lo sea), se siente sucia (aunque no le esté), se siente despreciada (aunque no lo sea), se siente destruida (aunque no lo esté), por su mente pasa todo esto, y encima, ¿tener un fruto más? Es difícil pasar por esto, pero, ¿qué cree? Hay solución y ayuda. Ese crimen no puede quedar impune; porque así como lo hizo con usted o alguien más, lo puede seguir haciendo con quien se le ponga en frente. Habla, pide ayuda, no estás solo (a) He aquí unos síntomas comunes entre las sobrevivientes de abuso sexual:

Pensamientos e imágenes intrusivos	Sueños, pesadillas (quizá recurrentes)
Ataques de ansiedad o de pánico	Problemas de falta de sueño
Llanto incontrolable	Falta de esperanza de volver a ser normal
Vergüenza, pena	Dificultades en la escuela o el trabajo
Culpabilidad	Incapacidad para concentrarse
Tendencia a aislarse	Incremento en el uso de drogas o alcohol
Depresión	Dolores de cabeza y tensión muscular
Falta de emociones	Imágenes instantáneas inesperadas (flashbacks)
Miedo	Problemas con la alimentación
Disfunciones sexuales	Hipervigilancia
Enojo	

Ejemplos de lo que una persona con STVS (Síndrome de trauma por violencia sexual) puede decir:

SHOCK: ¿Por qué estoy tan calmada? ¿Por qué no puedo llorar? ¿Por qué no puedo parar de llorar?

INCREDULIDAD: ¿Realmente paso? ¿Por qué a mí? ¿Se le puede llamar a esto violación? ¿Aunque haya sido alguien que conozco? ¿Aún mi esposo?

VERGÜENZA: ¿Qué pensará la gente? "No, no puedo decírselo a mi familia. Ahora estoy sucia. Ya no valgo lo mismo."

DESILUSION: "Me siento tan sucia siempre, como que si ahora hay alguna cosa equivocada conmigo. Quiero lavarme las manos y bañarme a todas horas"

CULPABILIDAD: "Siento como si yo hubiera hecho algo o hubiera dejado de hacer algo para que esto me pasara. Si tan solo yo hubiera…"

DEPRESION: ¿Cómo voy a seguir con mi vida? "Me siento tan cansada y sin esperanza"

SIN FUERZAS: ¿Me sabré controlar otra vez y podré no soltarme a llorar?

DESORIENTACION: "Estoy teniendo problemas durante el día, como que no me puedo concentrar en las cosas que hago y no recuerdo bien las cosas después de un tiempo corto"

FLASHBACKS: "Ciertas imagines me dan vuelta en la cabeza una y otra vez"

MIEDO: "Me dan miedo tantas cosas. ¿Quedaré embarazada o infectada de alguna enfermedad?"

MECANISMO DE ADAPTACION	EJEMPLO
Positivo o constructivo Ayudan a reducir la ansiedad, alivian otras reacciones de angustia y permite el mejoramiento de la situación actual y futura	• Programa de consejería. • Participación en grupos de apoyo. • Llamar a una línea de emergencia de algún centro contra la violencia sexual. • Método de relajación (relajación muscular, ejercicios de respiración.) • Actividad física en • moderación. Hablar con otra persona para obtener apoyo. • Tomar una clase de defensa personal. • Actividades de recreación: cocinar, hacer jardinería, caminar, tomar una taza de té.
Negativo o destructivo Conlleva a la continuación del problema, ya que si bien reduce la ansiedad inmediata, tiende a causar mayores inconvenientes a causa de la adicción.	• Uso de drogas y alcohol • Aislamiento social. • Negación u olvido. • Minimización y racionalización. • Disociación (cuando no se está del todo presente o la persona se siente como si estuviera anestesiada) • Callar emociones • Comer excesivamente o no comer (anorexia o bulimia). • Enojo o violencia (ej. Pandillas) • Conductas de auto-lastimarse, como cortarse o quemarse a uno mismo o intentar suicidarse. • Juego compulsivo. • Robar. • Tener relaciones sexuales en forma compulsiva o evadirlas completamente.

189

<u>Nota</u>: Es fundamentalmente entender que una sobreviviente <u>no</u> puede dejar un mecanismo de adaptación negativo, por más destructivo que este sea, sino cuenta con otra opción (esperamos que positiva) para afrontar su trauma.[54]

Hay ayuda, existe la sanidad, solo hay que buscarla. Hay sanidad psicológica, física y del alma.

La primer sanidad que se debe procurar es:

SANIDAD DEL ALMA.

Dios promete sanar y restaurar; Él es el que lo puede hacer, junto con el mecanismo positivo de adaptación.

"He aquí que yo les traeré sanidad y medicina; y los curaré, y les revelaré abundancia de paz y de verdad. 7 Y haré volver los cautivos de Judá y los cautivos de Israel, y los restableceré como al principio". Jeremías 33:6-7

El pueblo de Israel estaba cautivo físicamente; no tenían paz en su corazón, por causa del cautiverio en sus vidas; pero también hay cautiverios espirituales, esos no se perciben a simple vista, sino espiritualmente. El encarcelamiento espiritual es peor que el físico; porque no miras a tus atacantes, solo los sientes.

Cuando alguien pasa por una violación, se apoderan de ella o él, pensamientos de suicidio, inestabilidad en el corazón; se presenta la baja autoestima, sentimientos de culpabilidad, en unos casos depresión y ansiedad. Todas estas consecuencias pueden venir, y aún muchas más.

Lo importante de todo esto, es saber cómo poder salir de esta situación. La sanidad del alma la da Dios. Solo hay que pedírsela. En la Biblia encontramos consejería para todo; muchos consejeros

---

[54] Manual de promotoras en contra de la violencia de ELAWC pág. 39, 40

profesionales usan la Biblia como su fuente principal. Dios, es el Supremo Dios verdadero que puede sanar el alma abatida.

Florence dice:

"Nos hemos dado cuenta que aquellos que han sido víctimas de abuso de alguna manera cuando niños, les es más difícil el levantarse y sacar lo mejor de las malas situaciones. Aquellos que han sido molestados sexualmente o que han sido golpeados físicamente tienen sus defensas tan destruidas que tienen poco espíritu de lucha en ellos".[55]

"Mi alma también está muy turbada; y tú, Jehová, ¿hasta cuándo? 4 Vuélvete, oh Jehová, libra mi alma; sálvame por tu misericordia. 5 Porque en la muerte no hay memoria de ti; en el Seol, ¿quién te alabará? 6 Me he consumido a fuerza de gemir; todas las noches inundo de llanto mi lecho, riego mi cama con mis lágrimas. 7 Mis ojos están gastados de sufrir; se han envejecido a causa de todos mis angustiadores". Salmos 6:3-7

El salmista clama por sanidad; la persona abatida clama por sanidad también. Solo que muchos de ellos no saben con quién ir, o a dónde acudir. Te tengo una buena noticia, Dios sana el alma abatida y el corazón triste.

"Apartaos de mí, todos los hacedores de iniquidad; porque Jehová ha oído la voz de mi lloro. 9 Jehová ha oído mi ruego; ha recibido Jehová mi oración. 10 Se avergonzarán y se turbarán mucho todos mis enemigos; se volverán y serán avergonzados de repente". Salmos 6:8-10

Dios escucha y sana. Pero no es solo clamar; también hay que leer la Palabra de Dios; porque allí es donde está la sanidad. En realidad es Dios hablando por medio de esas letras, palabras, párrafos, historias, libros, cartas, etc. La Palabra de Dios trae sanidad

---

[55] Atrévete a soñar por Florence Littauer, Ed Unilit pág. 338

al alma. Lo he comprobado personalmente. La Palabra de Dios es: salud, verdad, alimento, vida, esperanza, descanso y mucho más; si el humano leyera la Palabra de Dios, y la pusiera por obra, otro mundo tendríamos. No hubiera robos, violaciones, abusos, asesinatos, suicidios, etc. La Palabra de Dios dice: Que Jesús vino a traer vida y vida en abundancia, así que si quieres tener una vida en abundancia, y plena en el Señor Jesús, te motivo a leer la Palabra de Dios.

Mi esposo es pastor, y juntos servimos al Señor en su obra. Cuando personas llegan con problemas de ansiedad y depresión, él les sugiere una terapia, esa terapia consiste en escribir los salmos, les dice: "No pases por alto puntos, comas, acentos; que no se te pase nada". ¿Y qué cree? esa es una muy buena terapia de liberación de la depresión y la ansiedad, porque la Palabra de Dios es medicina.

"Hijo mío, no te olvides de mí ley, y tu corazón guarde mis mandamientos; 2 Porque largura de días y años de vida y paz te aumentarán. 8 Porque será medicina a tu cuerpo, y refrigerio para tus huesos. 22 Y serán vida a tu alma, y gracia a tu cuello". Proverbios 3:1; 2; 8; 22.

Que hermosa es la Palabra de Dios, en ella está la verdad, solo hay que leerla y practicarla; y con eso, le aseguro que su vida dará un giro de 180° grados para bien; y lo más importante, va a ser sanado.

SANIDAD FISICA

Esta sanidad también la puede encontrar en Dios. Hay muchos testimonios, como Dios ha levantado paralíticos, dado vista a los ciegos, quitado tumores, puesto manos; cualquier enfermedad la ha sanado; claro, no en toda la gente, algunos han sido los privilegiados. Cuando Jesús vino a esta tierra, no sanó a todos, solo a los que creyeron. Cuando llegó a su ciudad natal, dice la Biblia que no pudo hacer milagros allí, porque según ellos, lo conocían desde pequeño; sabían de quien era hijo y no lo reconocían como el Cristo, no reconocían que el mismo Dios encarnado andaba entre ellos; que privilegio tan grande, pero lo desaprovecharon. Jesús sigue caminando con nosotros, Él está a nuestro lado, solo es cuestión de que lo creas, y Él hace el milagro. La Palabra de Dios dice:

"Ciertamente llevó Él nuestras enfermedades, y sufrió nuestros dolores; y nosotros le tuvimos por azotado, por herido de Dios y abatido. 5 Mas Él herido fue por nuestras rebeliones, molido por nuestros pecados; el castigo de nuestra paz fue sobre Él, y por su llaga fuimos nosotros curados". Isaías 53:4-5

Si es la voluntad del Señor, Él sana de cualquier enfermedad; ya sea algo tan pequeño, como un dolor leve de cabeza, o hasta un cáncer terminal.

También están los médicos, los cuales Dios ha puesto para ayudar a la gente a ser calmados; lo digo de esta manera, porque hay enfermedades que ellos no pueden curar; solo dan calmantes y no se sana la persona.

SANIDAD PSICOLOGICA

Psicología es:

"La ciencia que estudia los procesos mentales, las sensaciones, las percepciones y el comportamiento del ser humano, en relación con el medio ambiente físico y social que lo rodea". [56]

Es bueno estudiar los pensamientos, pero más bueno es discernir lo que hay en esos pensamientos. Dios con su infinita misericordia, nos dio todas las herramientas, como sanar las heridas en todas las

[56] Diccionario de la lengua Oxford

193

áreas de nuestra vida; solo está en buscar esas herramientas, e ir con la persona indicada para que le ayude.

La Biblia dice: Que Dios a cada uno le dio diferentes talentos para que los trabajen (Mateo 25:14 en delante), en este caso, hay que buscar un consejero que sirva a Dios para que le pueda ayudar. Me ha tocado conocer personas que solo recibieron consejería psicológica (que es muy buena), pero me han dicho que no se sienten completamente sanados, que todavía sienten amargura en su corazón acerca de la experiencia que pasaron. Le aseguro que si usted combina estos pasos con la consejería; va a ser sanado y liberado. Su vida ya no va a ser igual después de esto.

PASOS PARA SER SANADO

1. Reconozca que necesita ayuda. Este es el primer paso para empezar a sanar. Porque si usted no reconoce que necesita ayuda, todavía no está listo para empezar a ser sanado o liberado. Si ya reconoció que necesita ayuda, siga con el paso número 2.

2. Busque la ayuda. Pídale a Dios que le ponga personas en su camino que lo puedan ayudar, o que lo guíe a alguien que le pueda ayudar. Si necesita un terapista, pregunte hasta encontrarlo, hay muchas organizaciones sin fines de lucro que lo pueden ayudar sin ningún costo.

3. Exponga su caso. El hablar libera. Cuando uno empieza a hablar sobre cualquier problema, empiezan a salir soluciones.

4. Ore por sanidad y liberación en su vida. Si no sabe cómo orar, pídale a su consejero (a) que le dé ejemplos como hacerlo, el orar es hablar con Dios; como si usted estuviera hablando con un amigo; cuéntele como se siente y qué quiere lograr, cuéntele cuáles son sus metas. Si su meta es sanar, entonces dígaselo con sus propias palabras. He aquí un ejemplo:

Señor Jesús, hola, mi nombre es: _____, mira, estoy pasando por este problema, tengo mucho tiempo que he estado sufriendo, y no encuentro la salida, estoy pasando por esto y esto (desahóguese de todo, no importa que llore) y después de desahogarse le puede decir: ¿Si gustas? Señor, puedes sanarme. Todo tiene un proceso, así que después de este paso, siga con el siguiente.

5. Lea la Biblia. El leer la Palabra de Dios trae sanidad y liberación. Antes de empezar a leerla, haga una pequeña oración pidiéndole a Dios que le abra su entendimiento y corazón para que su Palabra obre en usted y Dios le hable. Puede empezar con unos párrafos; le recomiendo leer los salmos, y no solo leerlos, sino también escribirlos. Si algo no entiende, pregúntele a su consejero, o a un hermano de una iglesia.

6. Asista a una iglesia. Pídale a Dios que le guíe a encontrar una iglesia donde pueda congregarse, para que de esa manera su fe crezca cada día más, y conozca más de Dios. Si usted ya asiste a una, ¡qué bueno! Le animo a que siga creciendo en su fe; todos estos pasos le van a ayudar a crecer espiritualmente, a sanar y ser libre.

7. Perdone. El perdonar a los que nos ofenden es esencial para sanar. No se preocupe; la persona, o las personas, probablemente no merecen su perdón; y dirá usted, tampoco merecen el de Dios. Pero, aunque no lo merezcan, Dios nos manda que perdonemos. Su Palabra lo habla claro:

"Y cuando estéis orando, *perdonad, si tenéis algo contra alguno, para que también vuestro Padre que está en los cielos os perdone a vosotros vuestras ofensas.26 Porque si vosotros no perdonáis, tampoco vuestro Padre que está en los cielos os perdonará vuestras ofensas". Marcos 11:25-26*

Dios quiere que perdonemos. No importa lo que nos hayan hecho, Dios manda que perdonemos. Cuando uno le pide perdón a Dios de sus pecados, Él no mide nuestras transgresiones que hemos hecho; si fue pequeña o grande; Él solo perdona. Así nos manda que hagamos nosotros también.

Probablemente te va a tomar más tiempo asimilarlo, pero no te rindas, busca perdonar. El perdonar no es una emoción, sino una decisión. Con esto, te digo que no tienes que esperar a que el agresor (a) venga a ti arrepentido pidiendo perdón; no esperes eso, porque, ¿y si nunca llega a ti? Te animo a perdonar, tú lo puedes hacer sin que te lo pidan. La escritora Nancy, en su libro La gratitud El perdón nos dice:

"El perdón no es una opción *para el hijo de Dios. Se nos ordena a perdonar a pesar de lo que sintamos y de la ofensa que hayamos recibido"*[57]

El perdonar también es un proceso. Yo he vivido esos procesos, muchas veces no me ha sido fácil perdonar; pero el estar en constante comunicación con el Señor, me ha ayudado a tomar la decisión de hacerlo, aunque no ha sido de la noche a la mañana.

Cuando esa agresión ha estado por mucho tiempo en el corazón, las faltas de perdón se convierten en un estilo de vida, la persona aprende a vivir con ellas, la persona sabe que eso está mal, pero no sabe cómo sacarlo. La solución es "PERDONAR" no hay otra manera de salir de esto. "No juzguéis, y no seréis *juzgados; no condenéis, y no seréis condenados; perdonad, y seréis perdonados". Lucas 6:37*

Si por algún motivo, usted mira al agresor (a) que vive de lo más feliz y tranquilo, y que no le importa lo que le haya hecho a usted, no se preocupe; tarde o temprano a todos nos llega la hora de rendir cuentas al Todopoderoso, Dios no deja nada impune; lo más importante es: que usted se libere de ese resentimiento.

"El perdón se otorga no porque la otra persona se lo merezca, ni siquiera porque se lo pida, sino porque Dios nos

---

[57] La gratitud El perdón, por Nancy Leigh De Moss, Ed. Portavoz pág. 54

ha perdonado convirtiéndonos entonces en canales de ese perdón y de esa gracia"[58]

Perdonar, no significa que usted va a ir con esa persona, y las cosas van a seguir igual que antes; porque todo tiene consecuencias en esta vida. Un ejemplo: Usted le presta dinero a una persona, y después de cierto tiempo, no le paga; usted le pide que le regrese su dinero, porque lo necesita; pero esa persona, en lugar de hacerlo, se burla de usted y le dice: No te lo voy a pagar. Usted se enoja y hasta maldice a la persona, etc. Después de un tiempo de reflexión y hablar con Dios, usted la perdona; pero eso no significa que si esa persona viene de nuevo a pedirle dinero, usted le va a prestar. Usted la ha perdonado; pero eso no quiere decir que se va a dejar engañar nuevamente. Ya si usted por lastima quiere darle algo, ya sería asunto suyo; porque desafortunadamente las personas que suelen hacer eso, ese es su fin; su dinero no les rinde y siempre anda pidiendo prestado, y se les olvida que deben. Pero aún, para esas personas hay solución si se arrepienten de lo que han hecho, y enmiendan su error.

No pierda su tiempo en vengarse de la persona, no vale la pena. Lo que sí es indispensable, es denunciar lo ocurrido (si es necesario, y dependiendo de lo que haya pasado), y que la justicia se encargue, el trabajo de ellos es hacer justicia. Confíe en Dios y Él hará. Todo lo que hacemos aquí en esta tierra se paga, ya sea bueno o malo. Note lo que dice la Biblia referente a esto: "No os venguéis *vosotros mismos, amados míos, sino dejad lugar a la ira de Dios; porque escrito esta: Mía es la venganza, yo pagaré dice el Señor". Romanos 12:19*

"Porque los magistrados no están para infundir temor al que hace el bien, sino al malo. ¿Quieres, pues, no temer la autoridad? Has lo bueno, y tendrás alabanza de ella; 4 porque es servidor de Dios para tu bien. Pero si haces lo malo, teme;

---

[58] La gratitud El perdón, por Nancy Leigh De Moss, Ed. Portavoz pág. 59

porque no en vano lleva la espada, pues es servidor de Dios, vengador para castigar al que hace lo malo". Romanos 13:3-4

8. Espere su sanidad. La manera que la puede esperar es agradeciendo a Dios por ella todos los días diciendo: gracias Señor por sanarme, o gracias Señor por liberarme (u otra razón), también puede escribir esta frase: "Señor, gracias por sanarme". Lo puede pegar donde lo mire todos los días, en el espejo, refrigerador, armario, etc., el propósito es que lo crea y lo reciba. Aunque no mire resultados, siga declarándolo. La Palabra de Dios dice: "Es, pues, la fe la certeza *de lo que se espera, la convicción de lo que no se ve". Hebreos 11:1* Esto es realmente la fe, creer algo que no mira, teniendo la certeza que lo va a recibir. Dios nos quiere sanos del corazón, y ¿sabía usted que por causa del resentimiento, falta de perdón y amargura, pueden surgir otras enfermedades en nuestra vida?

El corazón es la máquina de nuestro cuerpo que bombea la sangre por todo el cuerpo, ¿se imagina estar bombeando sangre contaminada de odio, rencor, resentimiento y dolor? Si el corazón se duele por esas situaciones, la sangre también; y por consecuencia, no está haciendo su función correctamente.

Se ha comprobado espiritualmente que personas han estado pasando por enfermedades muy graves; y al orar por ellas, el Señor Jesucristo revela que están faltas de perdón o que hay amargura en su corazón; y al momento que ellos lo reconocen y perdonan, son liberados y sanados. No solo se ha comprobado espiritualmente, sino que también científicamente:

"Aunque te cueste creerlo, muchas de las enfermedades que puedes estar padeciendo, la carencia de paz y bienestar en tu vida puede ser el resultado o las consecuencias de no perdonar.

Sabemos que perdonar a quienes nos han lastimado no siempre resulta tan sencillo, ese sentimiento de enojo y venganza que experimentamos, puede resultar uno de los más difíciles de desaparecer. Pero también son esos sentimientos los que repercuten hacia nosotros mismos si nos aferramos a ellos, disminuyendo nuestro bienestar e incluso afectando nuestra salud física y emocional.

Esto entre otras tantas consecuencias que te detallaré a lo largo de este artículo y que definitivamente te llevarán a reflexionar sobre los beneficios y la paz que aporta el perdón.

El perdón es considerado uno de los valores más significativos, pero también más difíciles de llevar a la realidad. Absolutamente nadie puede obligarnos a perdonar a otros; por el contrario, este valor es una decisión netamente personal la cual requiere de valor, esfuerzo y sobre todo, de un buen corazón.

¿Cuáles son las consecuencias de no perdonar? A muchos les cuesta creer que la falta de perdón trae consigo una serie de consecuencias que de cierta forma repercuten sobre la salud física y emocional de quien carga con los sentimientos de ira, rencor...

Estas consecuencias de no perdonar en la salud van aumentando y haciéndose notar cada vez más a medida que la persona no hace nada para erradicarlas. Entre las más resaltantes están la desconfianza y el odio, lo que significa que se llega a generalizar y dudar de todos por temor a volver a ser ofendidos o engañados.

Por otro lado, el dolor, la pena, rabia y resentimiento de haber sido traicionado actúan como una especie de cáncer que no solo perturba nuestra salud emocional sino también física. Esto es algo que se ha comprobado científicamente, pues estudios han demostrado que el guardar rencor y el negarnos a perdonar pueden llegar a causar enfermedades relacionadas con la falta de perdón, como resultado de los cambios químicos y el aumento de la hormona del estrés. Y es que cuando esta hormona (cortisol) aumenta, la persona comienza a experimentar migrañas, taquicardias, trastornos del sueño, úlceras, cansancio excesivo, dolor de espalda, colon irritable, etc.

Todos estos síntomas se traducen en enfermedades o problemas, tales como:

- Problemas Mentales: Entre los problemas mentales y/o consecuencias emocionales de no perdonar podemos mencionar la ansiedad, ataques de pánico, insomnio, neurosis, etc.

- Enfermedades Coronarias: cuando experimentamos sentimientos de ira, odio y rencor la presión sanguínea tiende a aumentar lo que podría llegar a generar problemas como ataques de pánico. Esto sin mencionar la relación que tiene con la obesidad y el tabaquismo.

- Problemas Cutáneos: como mencioné, la falta de perdón genera estrés y ésta a su vez puede llegar a causar problemas en la piel como por ejemplo, descamación, resequedad y picor en la piel. Por otro lado, hay quienes pueden sufrir de pérdida excesiva del cabello, sudoración, urticaria y uñas quebradizas...

- Trastornos Digestivos: la gastritis, diarreas, náuseas, inflamación o dolor abdominal son relacionados con la falta de perdón solo cuando se presentan con frecuencia, sin alguna causa específica más que el estrés.

- Trastornos Menstruales: tanto el estrés como la rabia pueden llegar a causar alteraciones en el ciclo menstrual, dolores de vientre... estas son solo algunas de las enfermedades que vienen por no perdonar, por guardan rencor y resentimiento. Afortunadamente, todas estas pueden ser prevenidas y/o vencidas si trabajamos en el perdón"[59]

TODA ACCIÓN TIENE SUS CONCECUENCIAS

---

[59] https://consigueriqueza.com/consecuencias-de-no-perdonar/

Cuando una jovencita soltera queda embarazada (por el motivo que haya sido); hay confusión en su mente, por lo que pudiera pasar en el futuro; ¿le va a responder su pareja? ¿qué van a decir sus padres? O ¿qué va a decir la sociedad de ella? Pasan muchas preguntas por su mente, y la mayoría del tiempo, cuando una joven decide abortar, es porque esas preguntas las hizo a las personas equivocadas.

Con esto le digo, que no todas las personas pueden aconsejar correctamente; pero el miedo a ser rechazadas, hace que se retiren de las personas indicadas para hacer estas preguntas.

Ese bebé que está en ese vientre no es un accidente, lo que otros piensan que en el futuro ese bebé va a ser un estorbo, una carga o alguien que le va a estar recordando su fracaso o su pasado, no es verdad. Lo que el humano hace entre comillas "mal" o "error", o cree que fue una deshonra, Dios lo convierte en honra y bendición si nos dejamos guiar por Él.

Ese bebé no tiene la culpa; él, conforme a la naturaleza fue engendrado para formarse en el vientre de su madre, crecer y nacer. Desde el momento que su corazón empezó a palpitar, hay vida en él. En la vida del ser humano, es el primer órgano que empieza a funcionar para vivir; y el último que deja de funcionar cuando la persona muere. Que importante es el corazón en el ser humano; por consiguiente, Dios nos manda que lo cuidemos.

"El corazón es el primer órgano que aparece durante el desarrollo del cuerpo. Cuando un embrión está formado aún por muy pocas células, cada célula puede obtener los nutrientes que necesita directamente de su entorno. Pero a medida que las células se dividen y multiplican para formar una bola que aumenta de tamaño, se vuelve imposible que los nutrientes lleguen a todas y cada una de las células por si mismos en manera eficiente. Además, las células también

producen deshechos de los cuales se tienen que liberar. Así que la sangre y el sistema circulatorio, propulsados por el corazón, son el primer sistema de órganos que se desarrolla. Estos son esenciales para distribuir nutrientes y deshechos en todo el embrión y así mantener las células vivas"[60]

"Sobre toda cosa guardada, guarda tu corazón; porque de él mana la vida". Proverbios 4:23

El proverbista resalta que guardemos nuestro corazón, la manera en que lo podemos guardar es: cuidándolo, que no entre mal en él, como rencor, amargura, resentimiento, odio, tristeza, etc., porque dice que de él mana la vida, o sea, de él proviene la vida.

Un bebé en el vientre tiene vida, el hecho de que no haya nacido o no esté fuera del vientre, no significa que está muerto, o todavía no tenga vida, y decidir hacer cualquier cosa con él. No señor; ese bebé tiene vida, respira y siente también.

"Tanto desde el punto de vista científico como desde el punto de vista legal, la vida inicia a partir de la concepción o fecundación. Mediante la unión del espermatozoide con el ovulo; en ese momento surge un nuevo ser humano distinto de todos los que han existido antes, existen ahora y existirán en el futuro. En ese momento se inicia un proceso de vida esencial nueva y diferente al que solo le hace falta desarrollarse y crecer para convertirse en niño o niña y después en adulto. Es por ello, que la vida en este nuevo ser humano merece respeto y protección".[61]

La única diferencia entre la mamá y ese bebé, es que ese bebé es indefenso, no se puede defender, es alguien vulnerable, que lo único que quiere es experimentar amor, ternura, besos, abrazos,

---

[60] www.eurostemcell.org/es/el-corazon-nuestro-primer-organo

[61] www.ohchr.org. Dra. Rosalinda Cruz de Williams.docx

caricias, palabras de afecto; quiere escuchar a su mamá decir: te amo mi bebé.

No importa la circunstancia en la que haya quedado embarazada, busque ayuda; no cometa un error de asesinar a alguien indefenso, porque eso trae consecuencias aún peores para toda la vida. Sería otra carga más a su conciencia, no estará tranquila por lo que hizo, hasta que le pida perdón a Dios, porque realmente a su bebé, ya no podría.

CONSECUENCIAS QUE PUEDE PRODUCIR UN ABORTO

1. Conciencia intranquila. Cuando alguien comete un asesinato contra un bebé, hay sentimientos de culpa que se van a apoderar de la persona; va a ver noches que no va a poder dormir; esos sentimientos de culpa no la van a dejar en paz; Satanás (el Señor Jesucristo lo reprenda) es el ser que más odia a la humanidad; primero tira el anzuelo, diciendo:

"Nada pasa, todo va a estar bien, solo es un feto que no vale la pena".

"Tú eres dueña de tu propio cuerpo".

"Tú decides hacer lo que quieras, y lo que te venga en gana".

"Tú eres la que vas a tenerlo y cuidarlo, ellos no te van a ayudar, mejor sácatelo".

Hasta te dice: "No estas preparada para educarlo, y para que no sufra... mejor que no viva, al fin y al cabo, no siente".

Con todas estas artimañas y pensamientos, el enemigo seduce a las mujeres para que vayan a abortar. Es difícil para una jovencita tomar esa decisión, y por causa de sentirse acorralada, en muchos casos lo hace. Encontré muchos testimonios acerca de las experiencias en un aborto, esta me impactó:

"GE: Ya teníamos tres hijas cuando se presentó un embarazo inesperado. Mi marido repetía que solo quería un cuarto hijo si era niño. Sugirió que me hiciera una prueba para conocer el sexo del bebé a las once semanas. Cuando le dije que no lo haría optó por el aborto.

Una fría mañana de enero de 2009, mi ahora ex esposo me llevó a una clínica, que hoy en día está cerrada, fuera de la carretera 9 en Boston. Recuerdo ir sentada en el auto detrás de él, y no a su lado, pues ese aborto era idea suya. Entramos a la sala de espera, donde mi esposo pagó el aborto. Lloré durante una hora sentada en una silla a su lado. No pude completar el formulario de ingreso. No pude marcar la casilla en la esquina inferior de la página que preguntaba si había coerción. Estaba temblando, llorando y asustada, En determinado momento, un trabajador de seguridad canoso se me acercó y dijo: "Usted no debería estar aquí". Con gran reticencia, firmé el formulario y esperé mi turno. Años después de eso, escucho el llanto de los recién nacidos _en la tienda de abarrotes, en el aeropuerto camino a un viaje de negocios, en los parques, en las aceras_ y me asalta el recuerdo de aquel frio día de enero".[62]

Lo que no te dice el enemigo, es que después de que se consuma el acto del aborto, la paz del corazón se va; y en vez de eso, queda una tristeza muy profunda, un vacío; y el enemigo empieza a atacar la mente diciendo: mataste a alguien indefenso, ese bebé no merecía morir y lo mataste. Hay personas que entran en ansiedad o depresión por causa del aborto. Otras se refugian en las drogas y piensan que con eso van a olvidar y apagar su conciencia. Pero, lo más triste es que cuando se pasa el efecto de la droga o el alcohol, vuelven a la realidad. Con eso no van a olvidar su pena y vergüenza, porque vuelven a su mismo sentimiento. Mi amado (a) lector (a), en esas cosas no está la solución. Ciertamente muchas mujeres llegan a

---

[62] The New York Times, por Josephine Sedgwick 11 de Julio de 2018

una clínica para hacerse ese procedimiento por su propia voluntad, y tal vez no sea su primera vez, no las juzgo; para nada, solo quiero dejarle saber que si algún día padece de alguna culpa por esa causa, hay esperanza en Jesús, Él libera. Él te ama, y no quiere que nadie se pierda espiritualmente.

Dios quiere sanar todos esos corazones rotos, destruidos, golpeados, heridos o duros por causa del rencor. Solo Dale la oportunidad a Dios de que entre a tu vida, y tu vida empieza con el corazón. No permitas que el odio, o el rencor te acorralen a hacer algo que lo podrías lamentar toda tu vida. Dios quiere restaurar corazones, simplemente date la oportunidad de conocer al dador de la vida, que es Jesucristo, el Dios encarnado.

"El aborto desde el punto de vista psicológico, puede ser analizado con varios niveles de interpretación. La mujer que aborta voluntariamente, en la mayoría de los casos, experimenta primero un acontecimiento: el embarazo no deseado. La tragedia radica precisamente en no haberse colocado, al menos conscientemente, en una condición de elección, sino de verse forzada a una decisión de la que no puede escapar, pase lo que pase. En algunos casos, las consecuencias psicológicas de un aborto voluntario conducen a: depresión reactiva; trastornos de la alimentación; trastorno de la ansiedad; culpa; vergüenza; soledad".[63]

2. Malos pensamientos. Cuando una persona piensa en abortar, piensa que se va a quitar un peso de encima; pero en realidad se va a agregar uno más. El hecho es simple, el enemigo es bien mentiroso y traicionero, (el Señor Jesucristo lo reprenda) Dice: hazlo; así ya no vas a tener que lidiar con alguien que no estaba en tus planes; también: "Deshazte de él; estás en la escuela, ¿qué van a decir tu familia, tus amigos, la sociedad? ¡Hui no, qué vergüenza!" Esto y mucho más pasa por su mente. El diablo lo único que quiere es

---

[63] www.buencoco.es/blog/aborto-voluntario

manipular la mente de alguien que está vulnerable en una decisión. Pero, por otro lado, está la voz de Dios diciendo a tu conciencia: No lo hagas; también es un ser humano el cual su corazón ya palpita, por lo cual ya siente, está vivo.

Si la persona decide abortar: he allí la consecuencia de la mente. El enemigo se agarra de eso para mandar pensamientos de culpabilidad; empieza a decir: eres una asesina. El diablo primero se presenta ofreciendo la tentación, luego que la persona cae, se convierte en un acusador. Así trabaja el diablo en todas las áreas de nuestra vida, pero de nosotros depende el ceder a sus artimañas, o vencer y decir: NO.

Si logras vencer y tener ese bebé, probablemente vas a sufrir, a lo mejor vas a ser madre soltera, probablemente van a padecer necesidades económicas; pero vas a saber en tu mente y corazón que has hecho lo correcto.

Si por algún motivo esto ha pasado en su vida que no pudo vencer y abortó, déjeme decirle que no está sola, si su conciencia le ha estado remordiendo todo este tiempo, o siente que no tiene perdón de Dios, déjeme decirle que Dios es un Dios perdonador, que ayuda. Le invito que asista a una iglesia, confiese su pecado a Dios y pida que oren por usted; eso va a traer paz y descanso a su alma. Y algo muy importante, perdónese a sí misma. El no perdonarnos nosotros, nos hace que nosotros mismos nos castiguemos diciendo: "Me merezco lo que me está pasando". Si usted le confiesa a Dios su error y le pide perdón, Él perdona y olvida, así que haga lo mismo con usted, perdónese, olvide, y siga adelante. "Si confesamos *nuestros pecados, Él es fiel y justo para perdonar nuestros pecados, y limpiarnos de toda maldad". 1 Juan 1:9*

3. Conciencia cauterizada.

"La conciencia cauterizada es mencionada en 1 Timoteo 4:2. La conciencia es el conocimiento moral dado por Dios dentro de cada uno de nosotros (Romanos 2:15) Si la conciencia esta "cauterizada", entonces se ha vuelto insensible. Tal conciencia no funciona correctamente, como si el tejido espiritual de cicatrización hubiera entorpecido el sentido del bien y del mal. Así como el cuero de un animal marcado con una marca de hierro se adormece ante un dolor mayor, así también el corazón de un individuo con una conciencia cauterizada se insensibiliza ante los dolores morales".[64]

Cuando alguien decide abortar y lo supera sin ninguna pena, y lo toma como algo normal que pasó en su vida, o algo que necesitaba ser desechado de su cuerpo, en pocas palabras, no tenía ninguna importancia en su vida ese bebé. Lo único que deseaba es deshacerse de él. Cuando pasa eso y no miran ninguna consecuencia mala en su vida, lo pueden seguir haciendo una y otra vez; piensan que pueden hacer lo que quiera con su cuerpo, y de esa manera la mente se cauteriza, o sea, se endurece. Una mente o conciencia cauterizada es insensible, ya no siente, en realidad ya no distingue entre lo bueno y lo malo, lo único que viene a su conciencia o mente es: "Es mi cuerpo y yo puedo hacer lo que me venga en gana". En realidad el cuerpo no es de uno, porque el ser humano no se creó a sí mismo. La Palabra de Dios nos dice claramente en: Salmos 100:3 *"Reconoced que Jehová es Dios;* Él nos hizo, y no nosotros a nosotros mismos; pueblo suyo somos, y ovejas de su prado".

Para todas estas consecuencias, hay una solución; y es Cristo Jesús; ven a Él, entrégale tus temores, ansiedad, dolores, tristezas, amarguras o cualquier cosa que oprime tu corazón, Dios es real, y Él quiere sanar tu alma abatida, hay solución en Jesús.

4. Baja autoestima. Cuando una persona o jovencita aborta, ya no es la misma, física ni psicológicamente. Hubo cambios en su vida. El

---

[64] www.gotquestions.org Julio 23 2014

instinto de mamá ya estaba en su cuerpo y mente, y ese instinto fue destruido por un aborto. Aunque la persona actúe y diga que está bien, en realidad no lo está; su corazón sufre, y ella no sabe por qué; ni por qué siente esa sensación de llorar cuando está sola, aunque se haga la fuerte; poco a poco hasta pierde el deseo de vivir, y para sobrevivir esa situación, muchas de ellas se refugian en el alcohol y las drogas, otras se refugian en el ocultismo; allí entre comillas les enseñan que lo que hicieron fue lo más correcto y que hasta fue un sacrificio que hicieron para el señor de las tinieblas. Siguen viviendo su vida a su manera, pero con temores internos, aunque por fuera demuestren valentía completa.

"Si buscamos la palabra autoestima en la Real Academia Española (RAE) nos encontramos con la siguiente definición: "Aprecio o consideración que uno tiene de sí mismo". "Se trata de la valoración que hacemos de nosotros a lo largo de la vida y de lo que consideramos que los demás perciben cuando interaccionan con nosotros o nos evalúan", afirma Elisa García Martínez, psicóloga del centro TAP. Entre las causas más frecuentes de la baja autoestima podemos destacar las siguientes: mensajes negativos, abusos, ridiculización del aspecto físico, mal ambiente familiar, dificultades académicas, experiencias negativas tempranas o falta de demostración de cariño y afecto por el entorno".[65]

Déjeme decirle, que hay solución para la baja autoestima, Jesús pagó un precio muy caro por cada uno de nosotros en la cruz del calvario; Jesús te puede sacar de esto y mucho más. Cuando la gente te dice: no vales nada; Jesús te dice: vales mucho, eres una joya, yo pagué un precio de sangre en la cruz del calvario por ti. TE AMO y vales mucho. Mira lo que dice su Palabra:

"Sino que lo necio del mundo escogió Dios, para avergonzar a los sabios; y lo débil del mundo escogió Dios, para avergonzar

---

[65] https://cuidateplus.marca.com/bienestar/2018/11/07/autoestima-baja-peor-enemigo-167982.html

a lo fuerte; 28 y lo vil del mundo y lo menospreciado escogió Dios, y lo que no es, para deshacer lo que es". 1 Corintios 1:27

Dios, de la nada hizo el universo por medio de su Palabra, solo con su Palabra fue hecho todo, así que no le cuesta a Él nada renovar un corazón roto o herido; para Él no hay nada imposible, solo falta que tú quieras, porque Dios es muy caballeroso, si no decides dejarlo entrar a tu corazón, Él te respeta. "He aquí, yo estoy *a la puerta y llamo; si alguno oye mi voz y abre la puerta, entraré a él, y cenaré con él, y él conmigo". Apocalipsis 3:20*

Jesús quiere que abras la puerta de tu corazón, Jesús no te va a fallar como muchos lo han hecho, Él nunca falla, Jesús es perfecto y no miente. La Palabra de Dios dice: "Dios no es hombre, *para que mienta, ni hijo de hombre para que se arrepienta. Él dijo, ¿y no lo ejecutará?" Números 23:19*

No dejes que las drogas, el alcohol, o circunstancias te alejen de lo verdadero. Dios sigue sanando corazones y lo va a seguir haciendo; de ti depende si quieres ser participe.

La muerte. Personas han muerto cuando se han practicado un aborto; pierden sangre, y si no son atendidas a tiempo, allí quedan. Otras, se han provocado accidentes, para perder a su bebé; pero realmente se exponen tanto, que pierden la vida. Todo por hacer las cosas a escondidas, o en lugares clandestinos, terminan perdiendo la vida.

El suicidio. Cuando la persona o jovencita se hunden en la depresión, terminan por quitarse la vida; eso tiene que ver mucho por el rechazo que algún ser querido le hizo por saber de su error; cuando la depresión llega, es más fácil que una persona intente quitarse la vida.

"La persona deprimida piensa que todo cuanto hace le sale mal, y se siente incompetente, inadecuada e indigna de amor; se rechaza así misma; se hunde en la apatía. Dice dentro de sí: "La vida es un valle de lágrimas, no vale la pena vivir".[66]

El Señor Jesucristo reprenda todos esos pensamientos, que en realidad la mayoría son ataques del enemigo. No te rindas, hay esperanza en Jesús, Él es el único que no te va a fallar, busca ayuda. No estás sola.

Todas estas circunstancias, ya sea amargura, temores, ansiedad, depresión, baja autoestima, etc. todo esto conlleva al sufrimiento del alma; si ya estás cansado (a) de todo esto, clama a Dios; Él te quiere ayudar, y quiere sanar tus heridas.

"La gracia de nuestro Señor Jesucristo sea con todos vosotros". Apocalipsis 22:21 AMÉN.

---

[66] El pastor como consejero por Pablo Hoff, pág. 165 ed. Vida

BIBLIOGRAFIA

1. Diccionario Oxford languages

2. Biblia de estudio Scofield (RVR 1960) ed. Holman Nashville, Tennessee 2012 pág. 1086

3. Biblia de estudio Scofield (RVR 1960) ed. Holman Nashville, Tennessee 2012, pág. 739

4. https.//etimologías.dechile.net/?Jehova.- (2001-2023)

5.https://m.facebook.com/elalmendroacuna/videos/cada-vez-que-respiramos

decimos -el -nombre-de-diosyhwh-asombrosotodo-lo-que-respi/453313832309555/.
Oct. 2 2020

6. Nuevo Diccionario bíblico ilustrado, por Vila Escuain 1985 Ed. Clie pág. 785

7. https://concepto.de/muerte/

8. Nuevo diccionario bíblico ilustrado, por Vila y Escuain 1985 Ed. Clie pág. 188

9. Nuevo diccionario bíblico ilustrado, por Villa y Ecuain 1985, Ed. Clie pág. 75

10 Nuevo diccionario bíblico ilustrado, por Villa y Ecuain 1985, Ed. Clie pág. 308

11. hptts://publishnews.es/la-biblia-es-el-libro-mas-vendido-del-mundo, mar. 4, 2022

12. Biteproject.com, Mayo 13, 2020

13. https://www.mayoclinic.org/es/diseases-conditions/depression/symptoms-causes/syc-20356007

14. Nuevo Diccionario Bíblico Ilustrado, por Vila y Escuain 1985, pág. 823 ed. Clie.

15. Nuevo Diccionario Bíblico Ilustrado, por Vila y Escuain 1985, pág. 508 ed. Clie.

16. www.mayoclinic.org/es-es/diseases-conditions/depression/in-depth/depression/art-20047725

17. Comentario de Biblia de las Américas 1986, 1995, 1997 por Lockman Foundation pág. 612

18. Libro Real sacerdocio y el glorioso santuario de Dios, por Dr. David Dimond pág. 155, ed. Edigraf

19. https://fundacionbeca.net/la-envidia-emosion-negativa/

20. El poder de una vida de oración por Stormie Omartian, Ed. Unilit pág. 101

21. www.gelenusrevista.com/?el-sindrome-de-la-amargura

22. La Gratitud/El perdón por Nancy Leigh DeMoss, Ed. Portavoz pág. 67

23. http://scielo.isciii.es/scielo.php?script=sci_arttext&pid=S1988-348X2016000200006

24. Nuevo Diccionario Bíblico Ilustrado, por Vila y Ecuain 1985, Ed. Clie pág. 603

25. Nuevo Diccionario Bíblico Ilustrado, por Vila y Ecuain 1985, Ed. Clie pág. 159

26. Nuevo Diccionario Bíblico Ilustrado por Vila y Escuain 1985, Ed. Clie pág. 603

27. Diccionario Oxford Langueges

28. La gratitud/El perdón por Nancy Leigh DeMoss, Ed. Portavoz pág. 61,

29. Enriquezca su personalidad por Florence Littauer, pág. 12; 13, ed. Unilit

30. El poder de una vida de oración por Stormie Omartian, Ed. Unilit pág. 173 ;172

31. La gratitud/El perdón por Nancy Leigh DeMoss, Ed. Portavoz pág. 51,

32. La Gratitud/El Perdón por Nancy Leigh DeMoss, Ed. Portavoz pág. 73; 74,

33. http://www.convet-me.com/es/convert/history_weght/bibtalent.html

34. http://es.beincrypto.com/convertir/denarius-to-usd/

35. Diccionario Oxford languages

36. Nuevo Diccionario Bíblico Ilustrado Ed. Clie 1985, por Vila Escuain pág. 664

37. Nuevo Diccionario Real Academia Española.

38. Nuevo Diccionario Bíblico Ilustrado Ed. Clie 1985, por Vila Escuain pág. 941

39. Nuevo Diccionario Bíblico Ilustrado Ed. Clie 1985, por Vila Escuain pág. 294

40. https://aromatherapia.org/que-significa-la-palabra-adulam-en-la-biblia

41. Diccionario Oxford

42. Diccionario Oxford

43. Diccionario Oxford

44. Diccionario Oxford

45. El ayuno, por Dr. José Caruci pág. 84 (h5), Ed. Betania

46. Real Sacerdocio y el glorioso santuario de Dios por David Dimond, Ed. Edigraf págs.95 ;94 ;39 ;34

47. Biblia de las Américas 1986, 1995, 1997 por Lockman Fundation pág. 1289

48. Diccionario de la Lengua Oxford

49. Nuevo Diccionario Bíblico Ilustrado Villa Escuain Pág. 916

50. Una vida con propósito Rick Warren, Ed Vida pág. 21,

51. Una vida con propósito por Rick Warren, Ed Vida pág. 22

52. Sin planificar por Abby Johnson pág. 19-27 ed. Palabra

53. https://www.goredforwomen.org/es/health-topics/congenital-heart-defects/symptoms--diagnosis-of-congenital-heart-defects/fetal-echocardiography--your-unborn-babys-heart

54. Manual de promotoras en contra de la violencia de ELAWC pág. 39, 40

213

55. Atrévete a sonar por Florence Littauer, Ed Unilit pág. 338,

56. Diccionario de la lengua Oxford

57. La gratitud El perdón, por Nancy Leigh De Moss, Ed. Portavoz pág. 54

58. La gratitud El perdón, por Nancy Leigh De Moss, Ed. Portavoz pág. 59

59. https://consiguiriqueza.com/consecuencias-de-no-perdonar

60. www.eurostemcell.org/es/el-corazon-nuestro-primer-organo

61. https://www.ohchr.org/sites/default/files/Documents/HRBodies/CCPR/GCArticle6/Dra.RosalindaCruzdeWilliams.docx

62. https://www.nytimes.com/es/2018/07/11/espanol/aborto-prohibicion-despenalizacion-embarazo.html

63. www.buencoco.es/blog/aborto-voluntario

64. https://www.gotquestions.org/Espanol/conciencia-cauterizada.html

65. https://cuidateplus.marca.com/bienestar/2018/11/07/autoestima-baja-peor-enemigo-167982.html

66. El pastor como consejero por Pablo Hoff, pág. 165 ed. Vid